Impressum
Verlag: BABADADA GmbH, Nedderfeld 112 , 22529 Hamburg
Geschäftsführer / Verlagsleitung: Harald Hof
Druck: Books on Demand GmbH, In de Tarpen 42, 22848 Norderstedt

Imprint
Publisher: BABADADA GmbH, Nedderfeld 112 , 22529 Hamburg, Germany
Managing Director / Publishing direction: Harald Hof
Print: Books on Demand GmbH, In de Tarpen 42, 22848 Norderstedt

σχολείο
escola

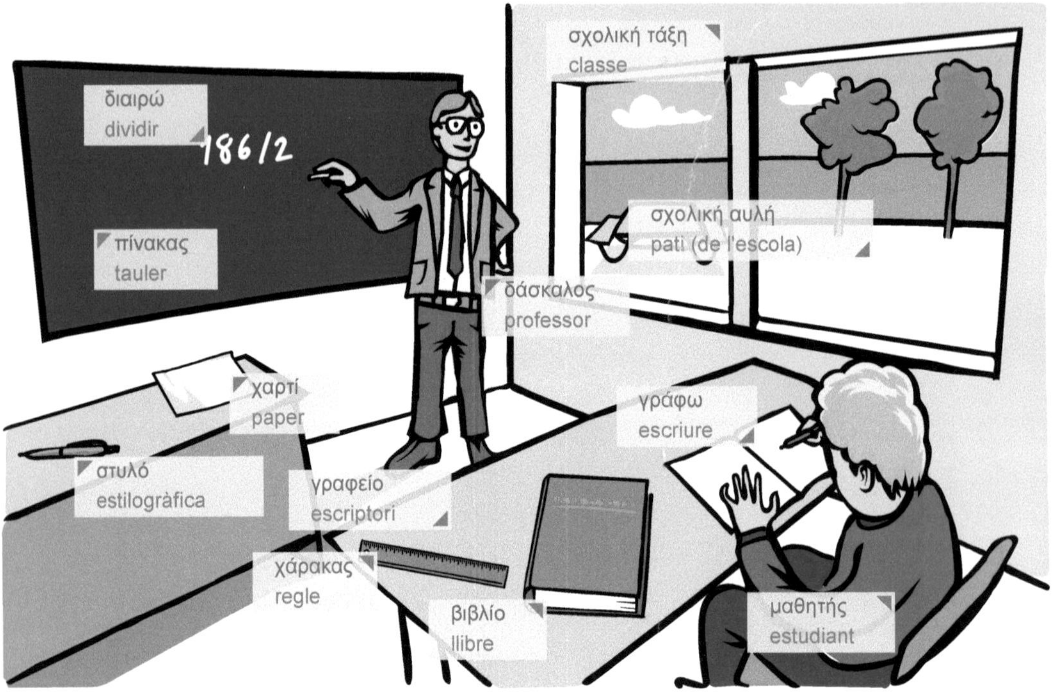
σχολική τάξη
classe
διαιρώ
dividir
186/2
πίνακας
tauler
σχολική αυλή
pati (de l'escola)
δάσκαλος
professor
χαρτί
paper
γράφω
escriure
στυλό
estilogràfica
γραφείο
escriptori
χάρακας
regle
βιβλίο
llibre
μαθητής
estudiant

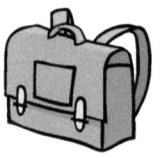

σχολική τσάντα

bossa

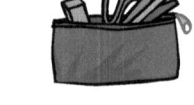

κασετίνα/ μολυβοθήκη

estoig

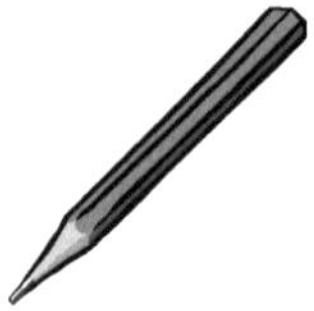

μολύβι

llapis

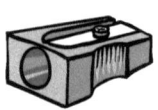

ξύστρα

maquineta de fer punta

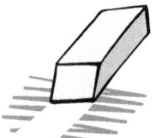

γόμα

goma

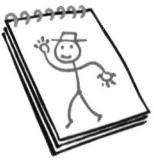

μπλοκ ζωγραφικής

bloc de dibuix

ζωγραφική

dibuix

πινέλο

pinzell

κουτί χρωμάτων

capsa de pintures

ψαλίδι

tisores

κόλλα

cola

τετράδιο ασκήσεων

quadern d'exercicis

εργασία για το σπίτι

deures

12

αριθμός

nombre

2+2

προσθέτω

afegir

5-2

αφαιρώ

sostreure

2x2

πολλαπλασιάζω

multiplicar

υπολογίζω

calcular

A

γράμμα

lletra

ABCDEFG
HIJKLMN
OPQRSTU
VWXYZ

αλφάβητο

alfabet

hello

λέξη

mot

κείμενο

text

διαβάζω

llegir

κιμωλία

guix

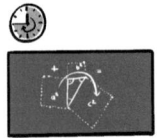

μάθημα

lliçó

εγγράφομαι

llibre de classe

τεστ

examen

πιστοποιητικό

certificat

μαθητική στολή

uniforme escolar

εκπαίδευση

formació

εγκυκλοπαίδεια

enciclopèdia

πανεπιστήμιο

universitat

μικροσκόπιο

microscopi

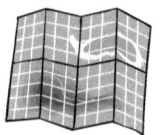

χάρτης

mapa

καλάθι αχρήστων

paperera

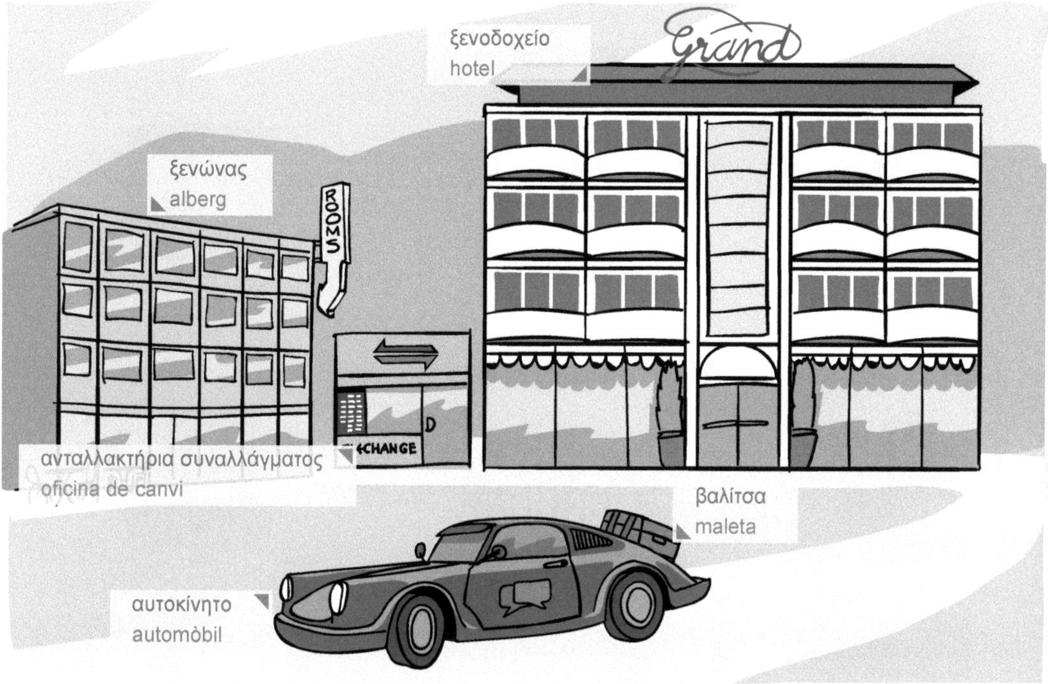

ξενοδοχείο
hotel
Grand
ξενώνας
alberg
ROOMS
EXCHANGE
ανταλλακτήρια συναλλάγματος
oficina de canvi
βαλίτσα
maleta
αυτοκίνητο
automòbil

γλώσσα

llengua

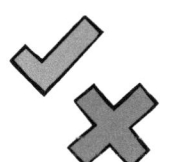

ναι / όχι

sí / no

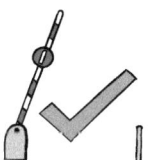

εντάξει

D'acord

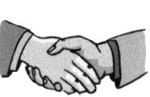

γεια σου

Ey!

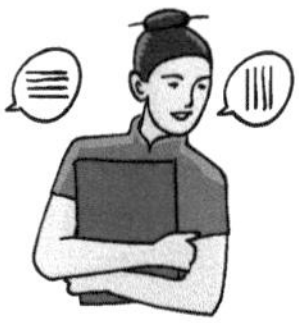

μεταφραστής

traductora

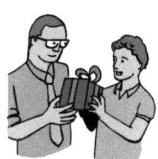

Ευχαριστώ

gràcies

πόσο κάνει ;

Quant costa… ?

Δε καταλαβαίνω

No entenc

πρόβλημα

problema

Καλησπέρα!

Bona nit!

Καλημέρα!

bon dia!

Καληνύχτα!

bona nit!

Αντίο

fins aviat

κατεύθυνση

direcció

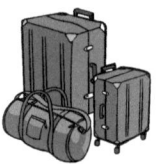

αποσκευές

bagatge

τσάντα

bossa

σακίδιο πλάτης

sarrona

καλεσμένος

convidat

δωμάτιο

cambra

υπνόσακος

sac de dormir

σκηνή

tenda

ταξίδι - viatge

τουριστικές πληροφορίες

oficina de turisme

παραλία

platja

πιστωτική κάρτα

carta de crèdit

πρωινό

esmorzar

μεσημεριανό

dinar

δείπνο

sopar

εισιτήριο

bitllet

ανελκυστήρας

ascensor

γραμματόσημο

segell

σύνορα

frontera

τελωνείο

duana

πρεσβεία

ambaixada

βίζα

visat

διαβατήριο

passaport

τaξίδι - viatge

μεταφορά
transport

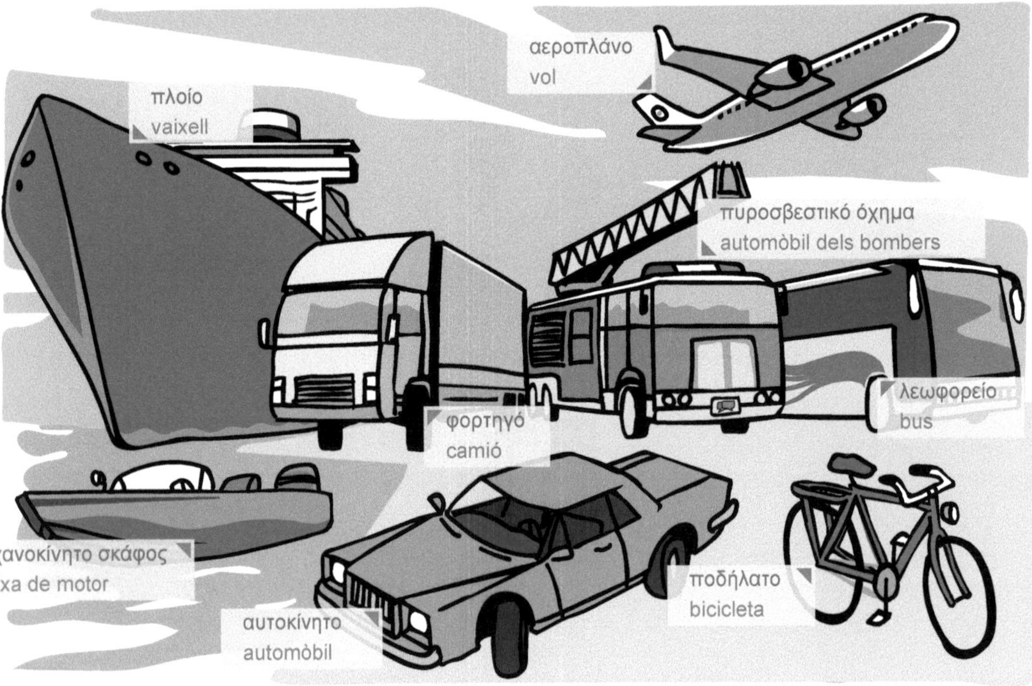
αεροπλάνο
vol
πλοίο
vaixell
πυροσβεστικό όχημα
automòbil dels bombers
λεωφορείο
bus
φορτηγό
camió
χανοκίνητο σκάφος
nxa de motor
ποδήλατο
bicicleta
αυτοκίνητο
automòbil

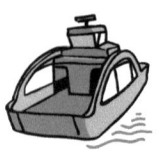

φεριμπότ

transbordador

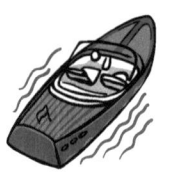

βάρκα

barca

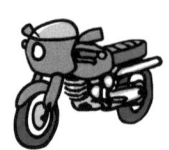

μοτοσικλέτα

moto

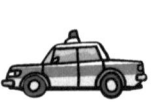

περιπολικό

automòbil de policia

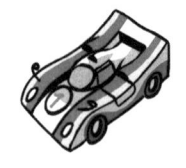

αγωνιστικό αυτοκίνητο

automòbil de curses

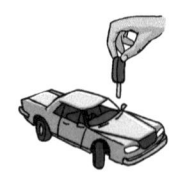

ενοικιαζόμενο αυτοκίνητο

automòbil de lloguer

διαμοιρασμός αυτοκινήτων

vehicle compartit

γερανός

grua

απορριμματοφόρο

camió de les escombraries

κινητήρας

motor

καύσιμο

benzina

βενζινάδικο

benzineria

πινακίδα σήμανσης

senyal de trànsit

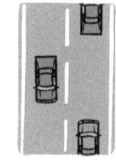

κυκλοφορία

trànsit

κυκλοφοριακή συμφόρηση

embús

χώρος στάθμευσης

aparcament

σιδηροδρομικός σταθμός

estació de trens

σιδηροδρομικές γραμμές

vies

τρένο

tren

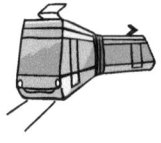

τραμ

tramvia

βαγόνι

vagó

μεταφορά - transport

ελικόπτερο

helicòpter

αεροδρόμιο

aeroport

πύργος

torre

επιβάτης

passatger

εμπορευματοκιβώτιο

contenidor

χαρτοκιβώτιο

capsa de cartó

καρότσι

carretó

καλάθι

cistella

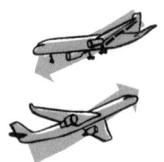

απογειώνομαι /
προσγειόνομαι

enlairar-se / aterrar

πόλη
ciutat

χωριό

poble

κέντρο της πόλης

centre de la ciutat

σπίτι

casa

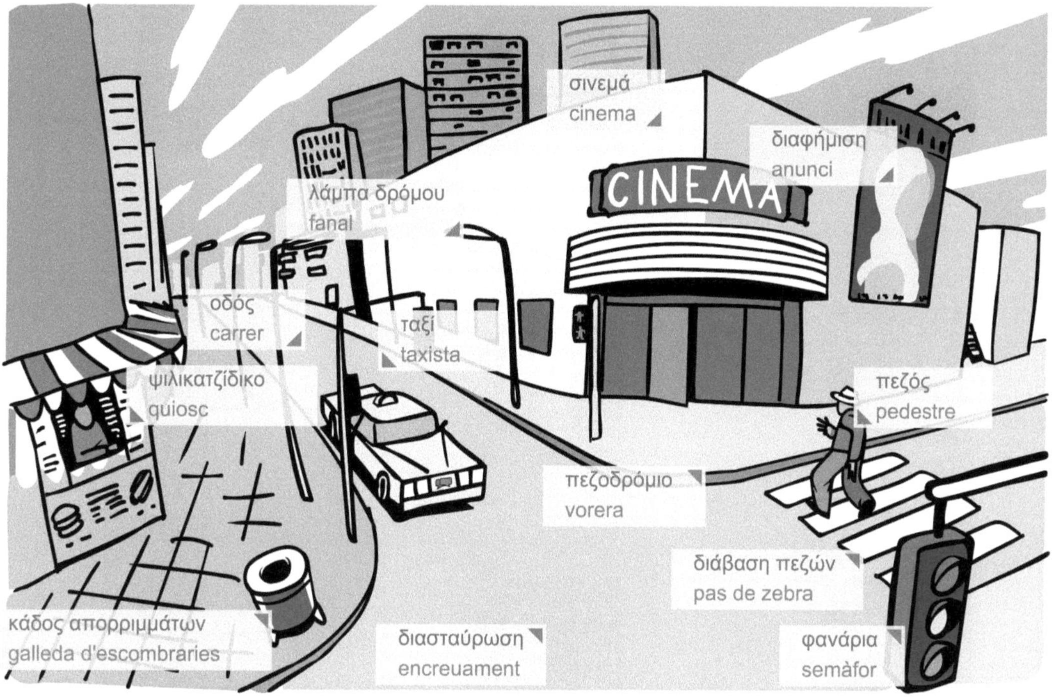

σινεμά
cinema
CINEMA
διαφήμιση
anunci
λάμπα δρόμου
fanal
οδός
carrer
ταξί
taxista
ψιλικατζίδικο
quiosc
πεζός
pedestre
πεζοδρόμιο
vorera
διάβαση πεζών
pas de zebra
κάδος απορριμμάτων
galleda d'escombraries
διασταύρωση
encreuament
φανάρια
semàfor

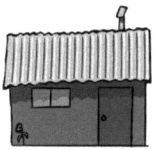

καλύβα

cabana

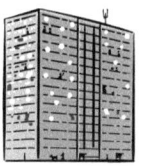

διαμέρισμα

apartament

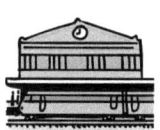

σιδηροδρομικός σταθμός

estació de trens

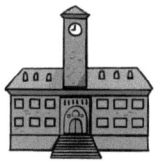

δημαρχείο

casa de la vila-ciutat

MUSEUM

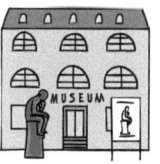

μουσείο

museu

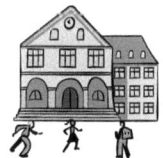

σχολείο

escola

πανεπιστήμιο

universitat

τράπεζα

banca

νοσοκομείο

hospital

ξενοδοχείο

hotel

φαρμακείο

farmàcia

γραφείο

oficina

βιβλιοπωλείο

llibreria

κατάστημα

botiga

ανθοπωλείο

floristeria

σούπερ μάρκετ

supermercat

αγορά

mercat

πολυκατάστημα

gran magatzem

ιχθυοπωλείο

peixateria

εμπορικό κέντρο

centre comercial

λιμάνι

port

πόλη - ciutat

πάρκο

parc

παγκάκι

banc

γέφυρα

pont

σκάλες

escala

μετρό

metro

τούνελ

túnel

στάση λεωφορείου

parada d'autobús

μπαρ

bar

εστιατόριο

restaurant

γραμματοκιβώτιο

bústia de correu

πινακίδα δρόμου

senyal indicador

παρκόμετρο

parquímetre

ζωολογικός κήπος

zoo

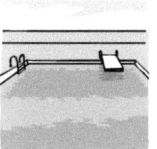

πισίνα

piscina

τζαμί

mesquita

αγρόκτημα

granja

ρύπανση

pol·lució

νεκροταφείο

cementiri

εκκλησία

església

παιδική χαρά

parc infantil

ναός

temple

τοπίο

paisatge

φύλλο
fulla

πινακίδα κατεύθυνσης
cartell indicador

δρόμος
camí

λιβάδι
prat

πέτρα
pedra

πεζοπόρος
excursionista

δέντρο
arbre

ποτάμι
riu

χορτάρι
gespa

λουλούδι
flor

κοιλάδα
vall

λόφος
muntanya

λίμνη
llac

δάσος
bosc

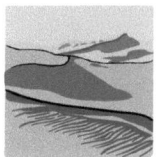

έρημος
desert

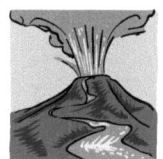

ηφαίστειο
volcà

κάστρο
castell

ουράνιο τόξο
arc de Sant Martí

μανιτάρι
bolet

φοίνικας
palmera

κουνούπι
moscard

μύγα
mosca

μυρμήγκι
formiga

μέλισσα
abella

αράχνη
aranya

τοπίο - paisatge

σκαθάρι

escarabat

βάτραχος

granota

σκίουρος

esquirol

σκαντζόχοιρος

eriçó

λαγός

llebre

κουκουβάγια

òliba

πουλί

ocell

κύκνος

cigne

αγριογούρουνο

senglar

ελάφι

cervo

άλκη

ant

φράγμα

presa

ανεμογεννήτρια

turbina

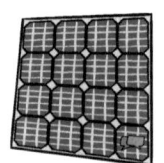

ηλιακός συλλέκτης

panell solar

κλίμα

clima

εστιατόριο
restaurant

σερβιτόρος
cambrer
κατάλογος
menú
καρέκλα
cadira
σούπα
sopa
πίτσα
pizza
μαχαιροπίρουνα
coberts
τραπεζομάντιλο
tovalla

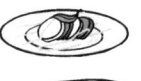

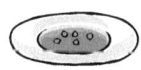

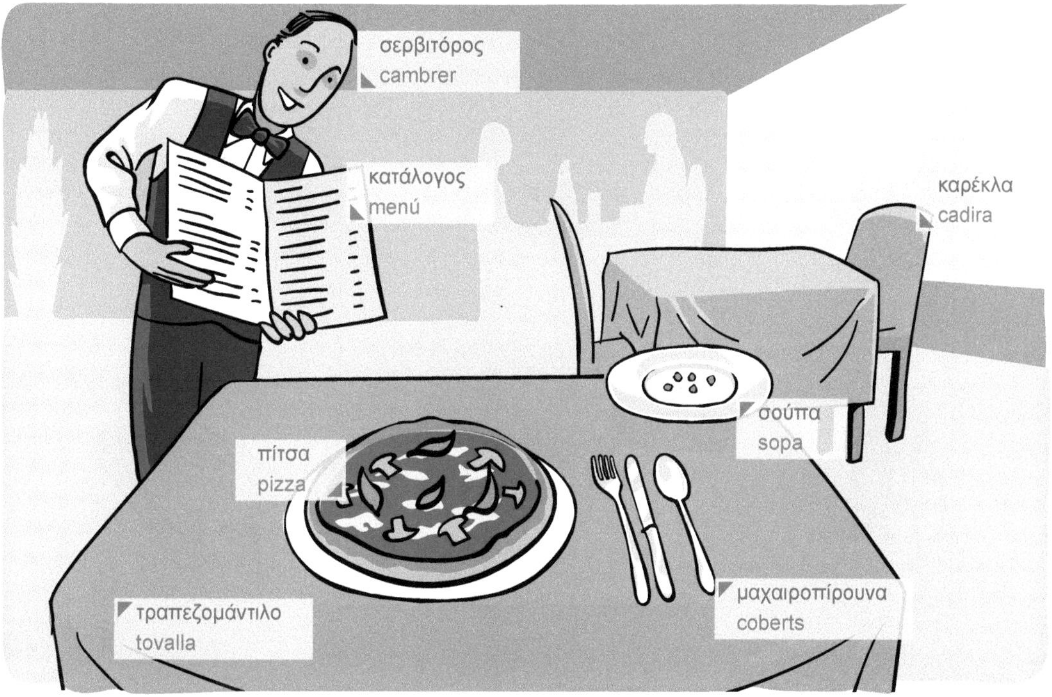

ορεκτικό

primer plat

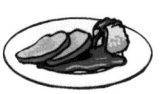

κύριο πιάτο

plat principal

επιδόρπιο

darreries

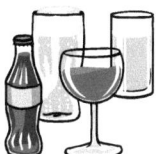

ποτά

begudes

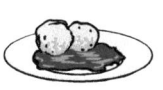

φαγητό

menjar

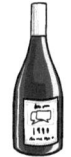

μπουκάλι

ampolla

φαστ φουντ

menjar ràpid

φαγητό στ' όρθιο

menjar de carrer

τσαγιέρα

tetera

δοχείο ζάχαρης

sucrer

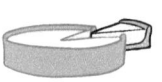

μερίδα

porció

μηχανή εσπρέσο

màquina d'espresso

ψηλή καρέκλα

trona

λογαριασμός

factura

δίσκος

plata

μαχαίρι

ganivet

πιρούνι

forqueta

κουτάλι

cullera

κουταλάκι του τσαγιού

cullereta

πετσέτα φαγητού

tovalló

ποτήρι

got

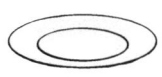

πιάτο

plat

πιάτο σούπας

plat de sopa

πιατάκι φλιτζανιού

plateret

σάλτσα

salsa

αλατιέρα

saler

μύλος για πιπέρι

molinet de pebre

ξύδι

vinagre

λάδι

oli

μπαχαρικά

espècies

κέτσαπ

quètxup

μουστάρδα

mostassa

μαγιονέζα

maionesa

σούπερ μάρκετ
supermercat

προσφορά
oferta especial
FOR
πελάτης
client
γαλακτοκομικά προϊόντα
productes lactis
φρούτα
fruites
καρότσι για ψώνια
carret de la compra

BUTCHERS

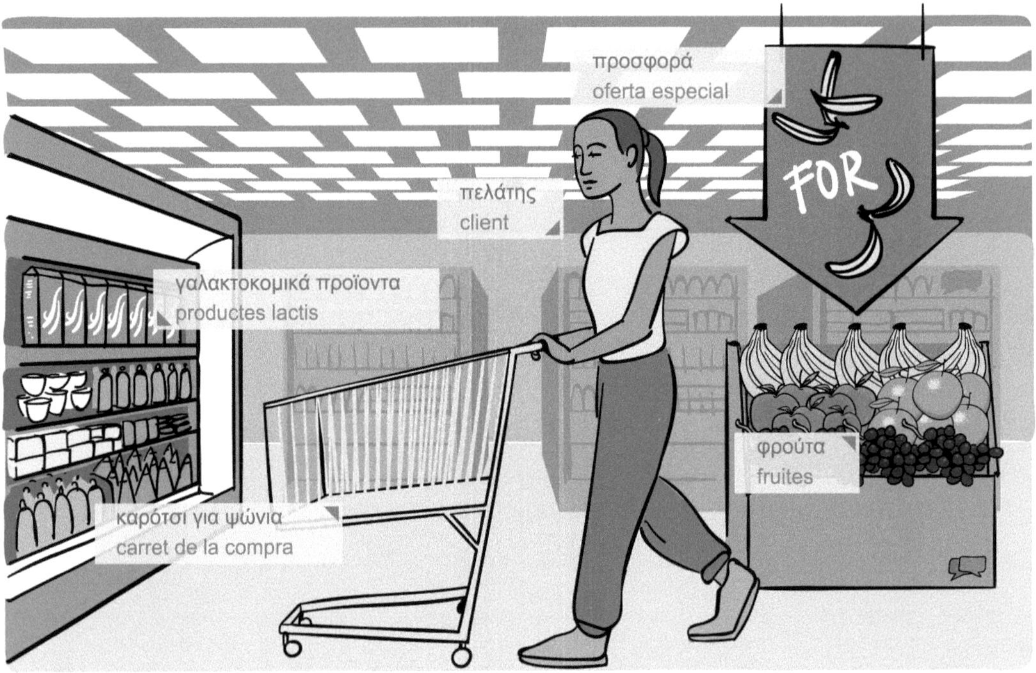

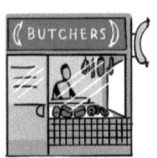

κρεοπωλείο

carnisseria

BAKERY

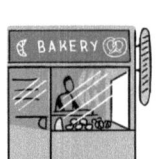

φούρνος

forn de pa

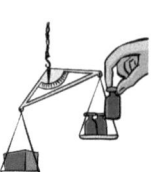

ζυγίζω

pesar

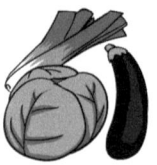

λαχανικά

verdures

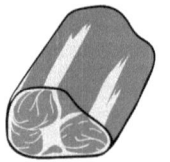

κρέας

carn

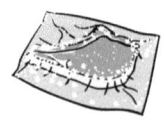

κατεψυγμένα τρόφιμα

menjar congelat

αλλαντικά

carn freda

κονσερβοποιημένη τροφή

conserves

απορρυπαντικό ρούχων

detergent en pols

γλυκά

dolços

οικιακά είδη

articles domèstics

καθαριστικά προϊόντα

productes de neteja

πωλήτρια

venedora

ταμείο

caixa registradora

ταμίας

caixera

λίστα για ψώνια

llista de la compra

ωράριο λειτουργίας

horari d'obertura

πορτοφόλι

portamonedes

πιστωτική κάρτα

carta de crèdit

τσάντα

bossa

πλαστική σακούλα

bossa de plàstic

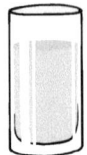

νερό

aigua

χυμός

suc

γάλα

llet

κόκα κόλα

coca-cola

κρασί

vi

μπίρα

cervesa

αλκοόλ

alcohol

κακάο

cacau

τσάι

te

καφές

cafè

εσπρέσο

espresso

καπουτσίνο

cappuccino

μπανάνα

banana

μήλο

poma

πορτοκάλι

taronja

πεπόνι

síndria

λεμόνι

llimona

καρότο

pastanaga

σκόρδο

all

μπαμπού

bambú

κρεμμύδι

ceba

μανιτάρι

bolet

ξηροί καρποί

avellanes

νουντλς

fideus

μακαρόνια

espaguetis

ρύζι

arròs

σαλάτα

amanida

πατατάκια

patates fregides

τηγανητές πατάτες

patates fregides

πίτσα

pizza

χάμπουργκερ

hamburguesa

σάντουιτς

entrepà

κοτολέτα

escalopa

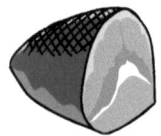

ζαμπόν

cuixot

σαλάμι

salami

λουκάνικο

salsitxa

κοτόπουλο

pollastre

ψητό

rostit

ψάρι

peix

χυλός βρώμης

flocs de civada

μούσλι

musli

κορν φλέικς

cereals

αλεύρι

farina

κρουασάν

croissant

ψωμάκι

panet

ψωμί

pa

τοστ

torrada

μπισκότα

bescuits

βούτυρο

mantega

τυρόπηγμα

mató

κέικ

pastís

αυγό

ou

τηγανητό αυγό

ou fregit

τυρί

formatge

παγωτό

gelat

ζάχαρη

sucre

μέλι

mel

μαρμελάδα

melmelada

άλλειμμα σοκολάτας

crema de xocolata

κάρυ

curri

αγρόκτημα
granja

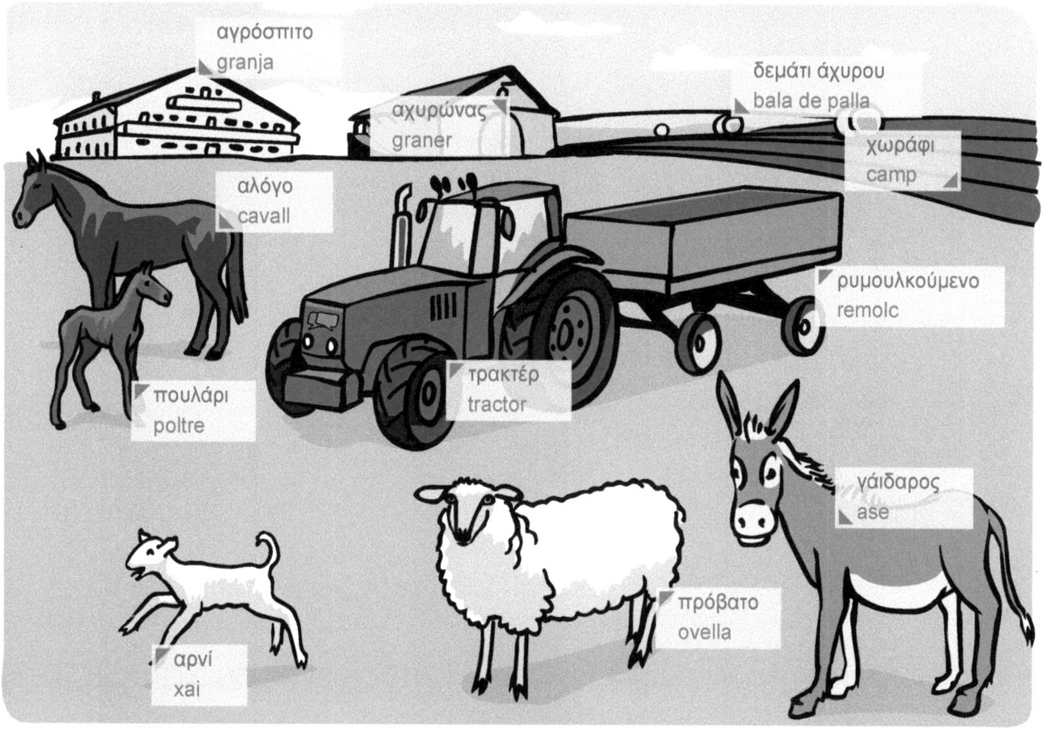
αγρόσπιτο
granja
αχυρώνας
graner
δεμάτι άχυρου
bala de palla
χωράφι
camp
αλόγο
cavall
ρυμουλκούμενο
remolc
τρακτέρ
tractor
πουλάρι
poltre
γάιδαρος
ase
πρόβατο
ovella
αρνί
xai

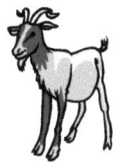

κατσίκα
cabra

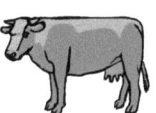

αγελάδα
vaca

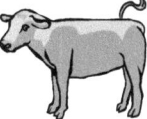

μοσχαράκι
vedella

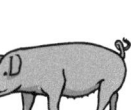

γουρούνι
porc

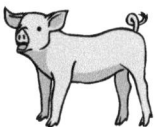

γουρουνάκι
garrí

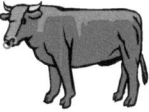

ταύρος
bou

χήνα
oca

πάπια
ànec

κοτοπουλάκι
poll

κότα
gall

κόκορας
gallina

αρουραίος
rata

γάτα
gat

ποντίκι
ratolí

βόδι
bou

σκύλος
gos

σπιτάκι σκύλου
gossera

λάστιχο κήπου
mànega de regar

ποτιστήρι
regadora

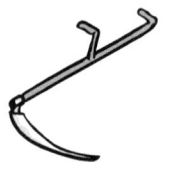

θεριστήρι
dalla

αλέτρι
arada

δρεπάνι

falç

τσάπα

aixada

δίκρανο

forca

τσεκούρι

destral

χειράμαξα

carretó

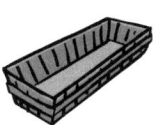

ταΐστρα

abeurador

δοχείο γάλακτος

lletera

σάκος

sac

φράχτης

tanca

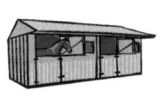

στάβλος

establa

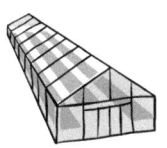

θερμοκήπιο

hivernacle

έδαφος

sòl

σπόρος

llavor

λίπασμα

adob

θεριζοαλωνιστική μηχανή

collidora

θερίζω

collir

συγκομιδή

collita

γιαμς

nyam

σιτάρι

blat

σόγια

soja

πατάτα

patata

καλαμπόκι

blat de moro o d'indi

κράμβη

colza

οπωροφόρο δέντρο

arbre fruiter

μανιόκα

mandioca

δημητριακά

cereals

σπίτι

casa

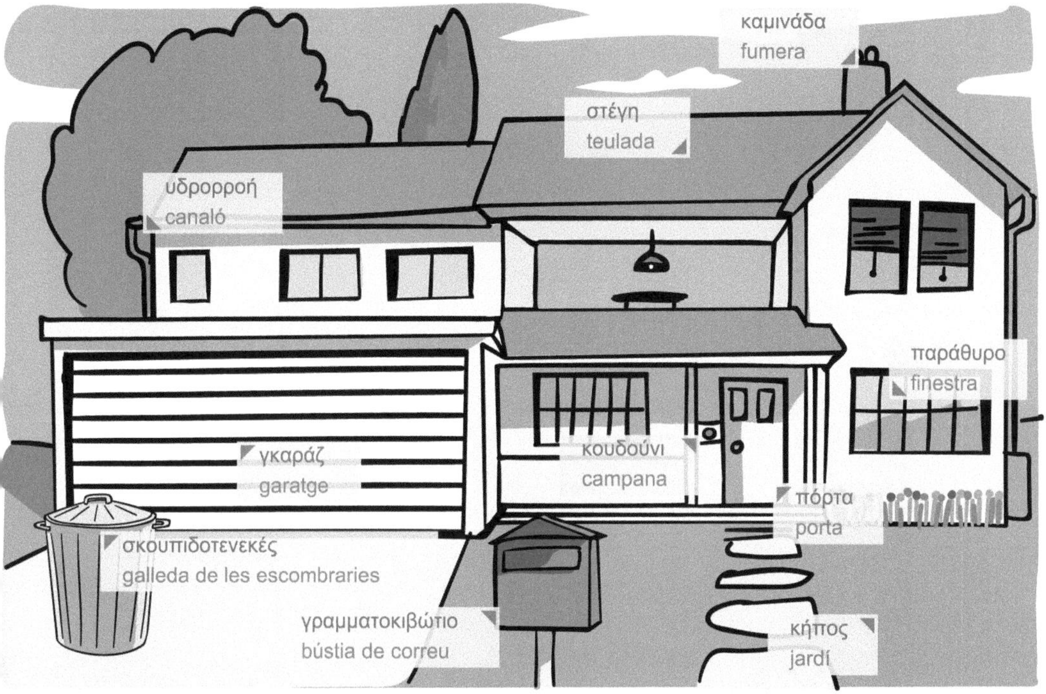

καμινάδα
fumera
στέγη
teulada
υδρορροή
canaló
παράθυρο
finestra
γκαράζ
garatge
κουδούνι
campana
πόρτα
porta
σκουπιδοτενεκές
galleda de les escombraries
γραμματοκιβώτιο
bústia de correu
κήπος
jardí

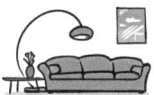

σαλόνι

sala d'estar

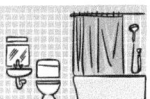

μπάνιο

bany

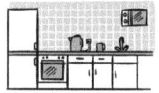

κουζίνα

cuina

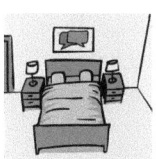

υπνοδωμάτιο

cambra de dormir

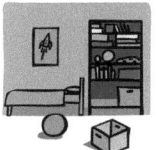

παιδικό δωμάτιο

cambra de nen

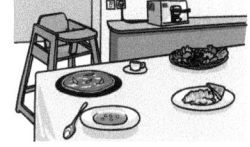

τραπεζαρία

menjador

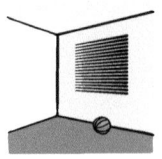

πάτωμα

sòl

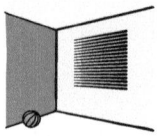

τοίχος

paret

οροφή

sostre

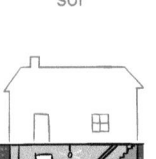

κελάρι

soterrani

σάουνα

sauna

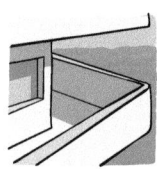

μπαλκόνι

balcó

βεράντα

terrassa

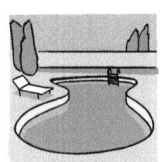

πισίνα

piscina

μηχανή του γκαζόν

tallagespa

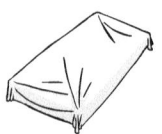

σεντόνι

vànova

κάλυμμα κρεβατιού

cobrellit

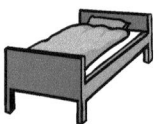

κρεβάτι

llit

σκούπα

escombra

κουβάς

galleda

διακόπτης

interruptor

σαλόνι

sala d'estar

ταπετσαρία
paper de paret
φωτογραφία
quadre
λάμπα
làmpada
ράφι
prestatge
ντουλάπι
armari
τηλεόραση
televisor
τζάκι
escalfapanxes
λουλούδι
flor
μαξιλάρι
coixí
καναπές
sofà
βάζο
gerro
τηλεκοντρόλ
telecomanda

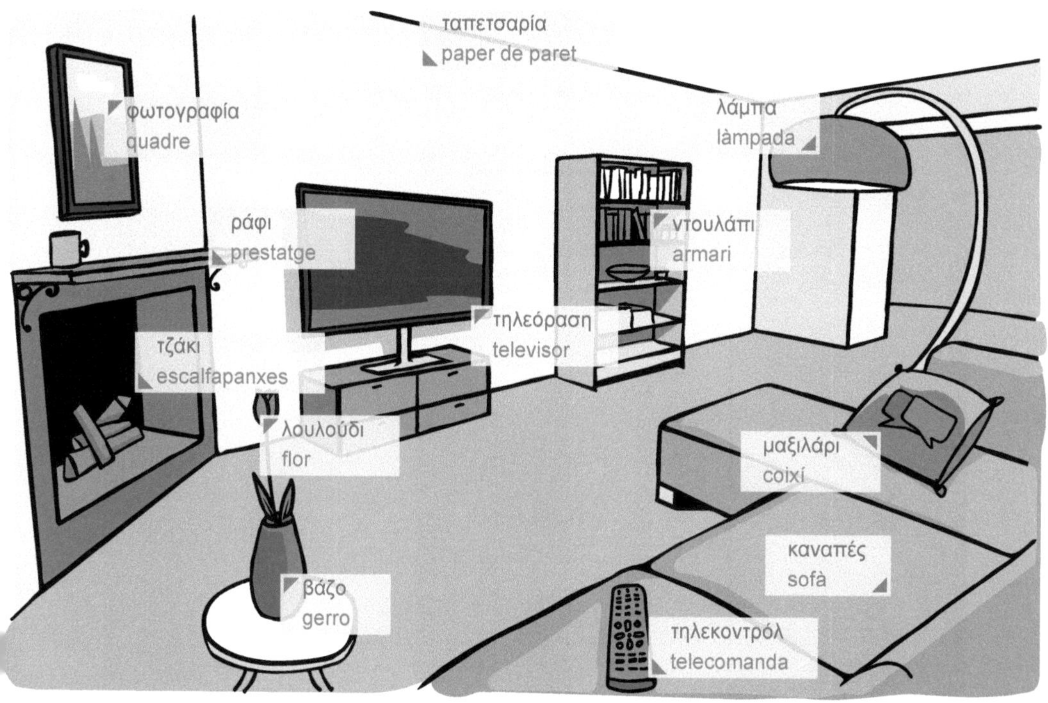

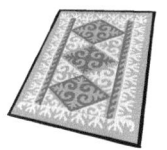

χαλί

catifa

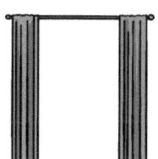

κουρτίνα

cortina

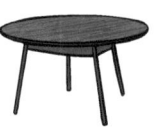

τραπέζι

taula

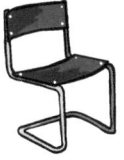

καρέκλα

cadira

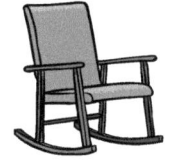

κουνιστή πολυθρόνα

cadira gronxadora

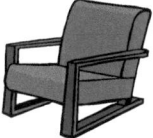

πολυθρόνα

cadiral

βιβλίο

llibre

κουβέρτα

llençol

διακόσμηση

decoració

καυσόξυλα

llenya

ταινία

film

στερεοφωνικό σύστημα

cadena de música

κλειδί

clau

εφημερίδα

diari

πίνακας ζωγραφικής

pintura

αφίσα

cartell

ραδιόφωνο

ràdio

σημειωματάριο

bloc de notes

ηλεκτρική σκούπα

aspiradora

κάκτος

cactus

κερί

candela

κουζίνα
cuina

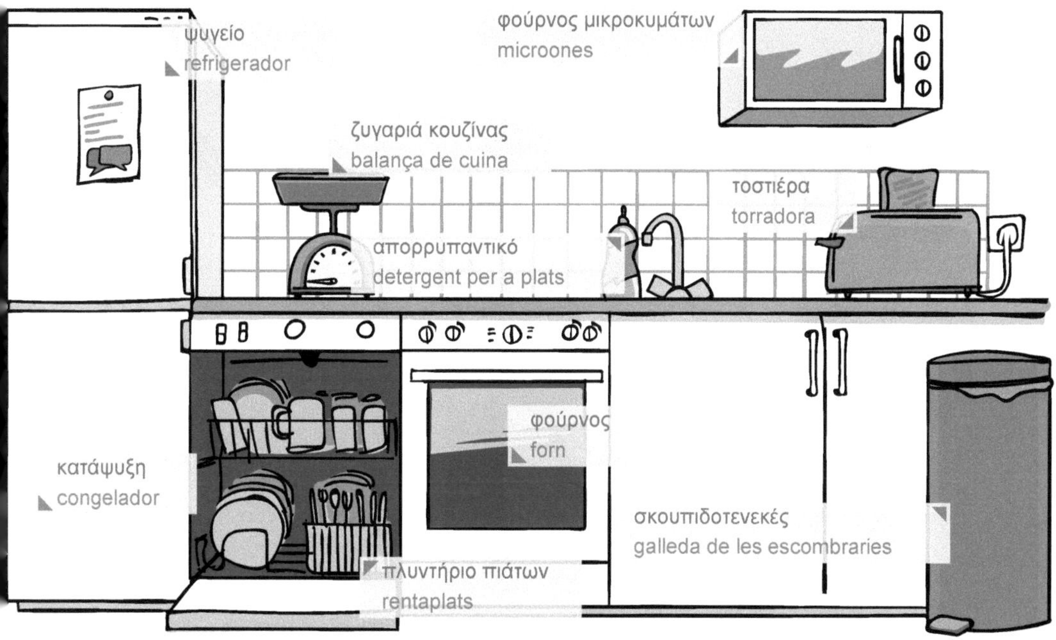
ψυγείο
refrigerador
φούρνος μικροκυμάτων
microones
ζυγαριά κουζίνας
balança de cuina
τοστιέρα
torradora
απορρυπαντικό
detergent per a plats
φούρνος
forn
κατάψυξη
congelador
σκουπιδοτενεκές
galleda de les escombraries
πλυντήριο πιάτων
rentaplats

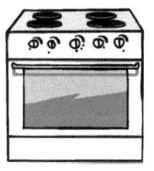

κουζίνα
cuina de fogons

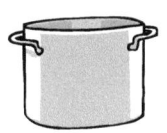

κατσαρόλα
olla

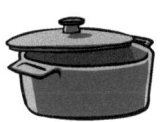

μαντεμένια κατσαρόλα
olla de ferro colat

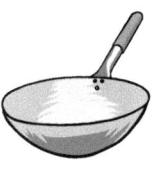

γουόκ/καντάι
wok / karahi

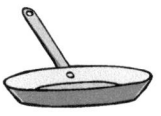

τηγάνι
paella

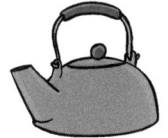

βραστήρας
bullidor

ατμομάγειρας

olla de vapor

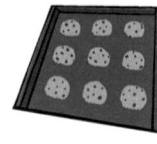

ταψί

plata de forn

πιατικά

vaixella

κούπα

tassa grossa

μπολ

bol

ξυλάκια

bastonets xinesos

κουτάλα

culler

σπάτουλα

espàtula

ανακατεύω

batedor

σουρωτήρι

colador

σουρωτηράκι

sedàs

τρίφτης

ratllador

γουδί

morter

ψησταριά

barbacoa

ανοιχτή φωτιά

foc a terra

σανίδα κοπής

taula de tallar

πλάστης

corró

ανοιχτήρι φελλών

llevataps

κονσέρβα

pot de conserva

ανοιχτήρι κονσέρβας

obridor

γάντι φούρνου

agafador

νεροχύτης

aigüera

βούρτσα

raspall

σφουγγάρι

esponja

μπλέντερ

batedora

καταψύκτης

congelador

μπιμπερό

biberó

βρύση

aixeta

κουζίνα - cuina

μπάνιο
bany

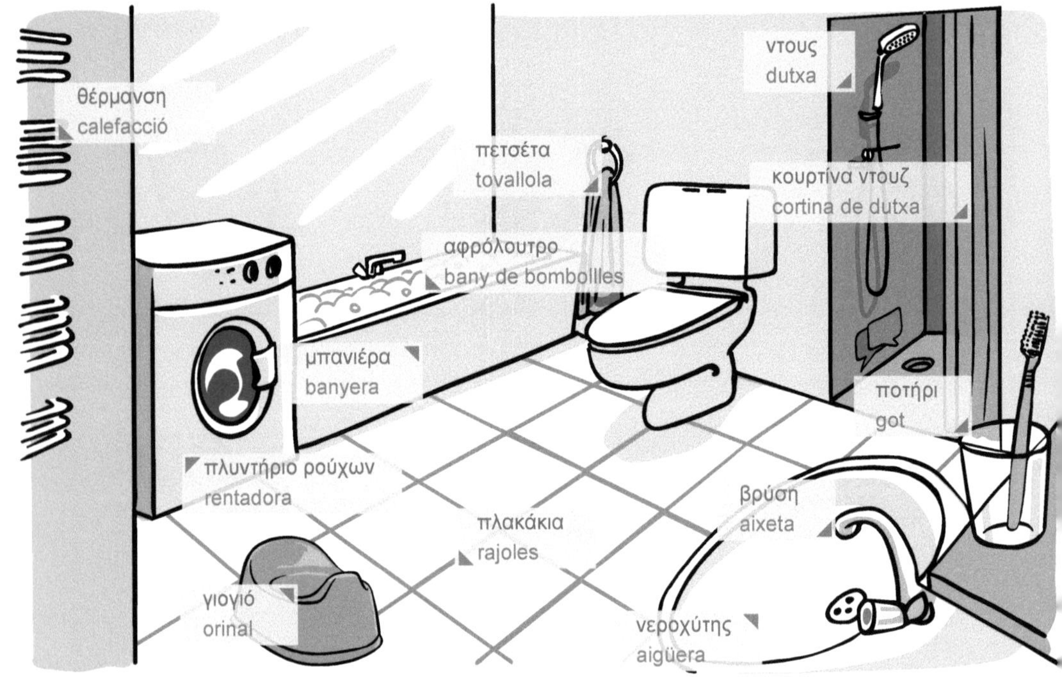

θέρμανση
calefacció
πετσέτα
tovallola
ντους
dutxa
κουρτίνα ντουζ
cortina de dutxa
αφρόλουτρο
bany de bombolles
μπανιέρα
banyera
ποτήρι
got
πλυντήριο ρούχων
rentadora
βρύση
aixeta
πλακάκια
rajoles
γιογιό
orinal
νεροχύτης
aigüera

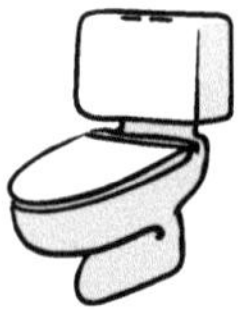

τουαλέτα

lavabo

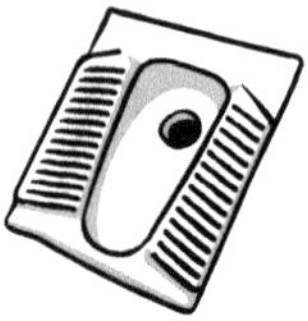

τούρκικη τουαλέτα

lavabo turc

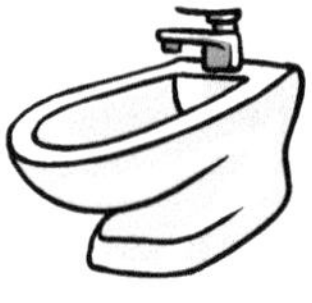

μπιντές

bidet

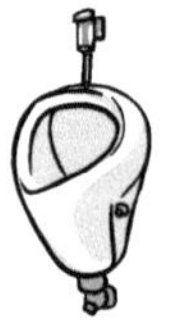

ουρητήριο

orinador

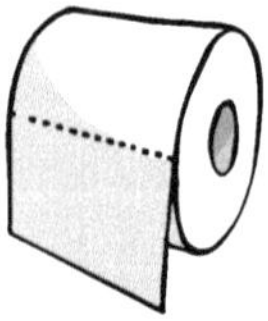

χαρτί υγείας

paper higiènic

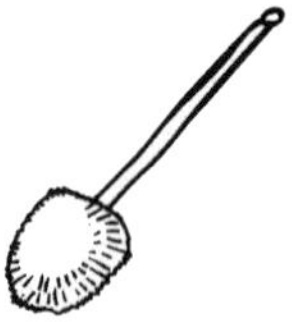

πιγκάλ

escombreta de sanitari

οδοντόβουρτσα

raspall de dents

οδοντόκρεμα

pasta de dents

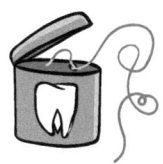

οδοντικό νήμα

fil dental

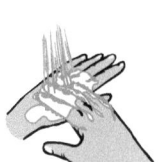

πλένω

rentar

τηλέφωνο ντους

pom de dutxa

ντουσιέρα

dutxa íntima

λεκάνη

rentamans

βούρτσα πλάτης

raspall per a l'esquena

σαπούνι

sabó

αφρόλουτρο

gel de dutxa

σαμπουάν

xampú

φανέλα

manyopla de bany

σιφόνι

bonera

κρέμα

crema

αποσμητικό

desodorant

καθρέφτης

mirall

καθρέφτης χειρός

mirall-espill de mà

ξυραφάκι

maquineta de rasar

αφρός ξυρίσματος

espuma de barbejar

αφτερσέιβ

loció post-rasada

χτένα

pinta

βούρτσα

raspall

σεσουάρ

eixugador

λακ

laca

μακιγιάζ

maquillatge

κραγιόν

pintallavis

βερνίκι νυχιών

esmalt d'ungles

βαμβάκι

cotó

ψαλίδι νυχιών

tallaungles

άρωμα

perfum

νεσεσέρ

estoig de bellesa

σκαμπό

tamboret

ζυγαριά

bàscula

μπουρνούζι

barnús

ελαστικά γάντια

guants de goma

ταμπόν

compresa higiènica

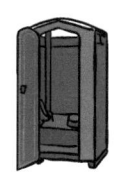

πετσέτα υγιεινής

compresa

χημική τουαλέτα

sanitari químic

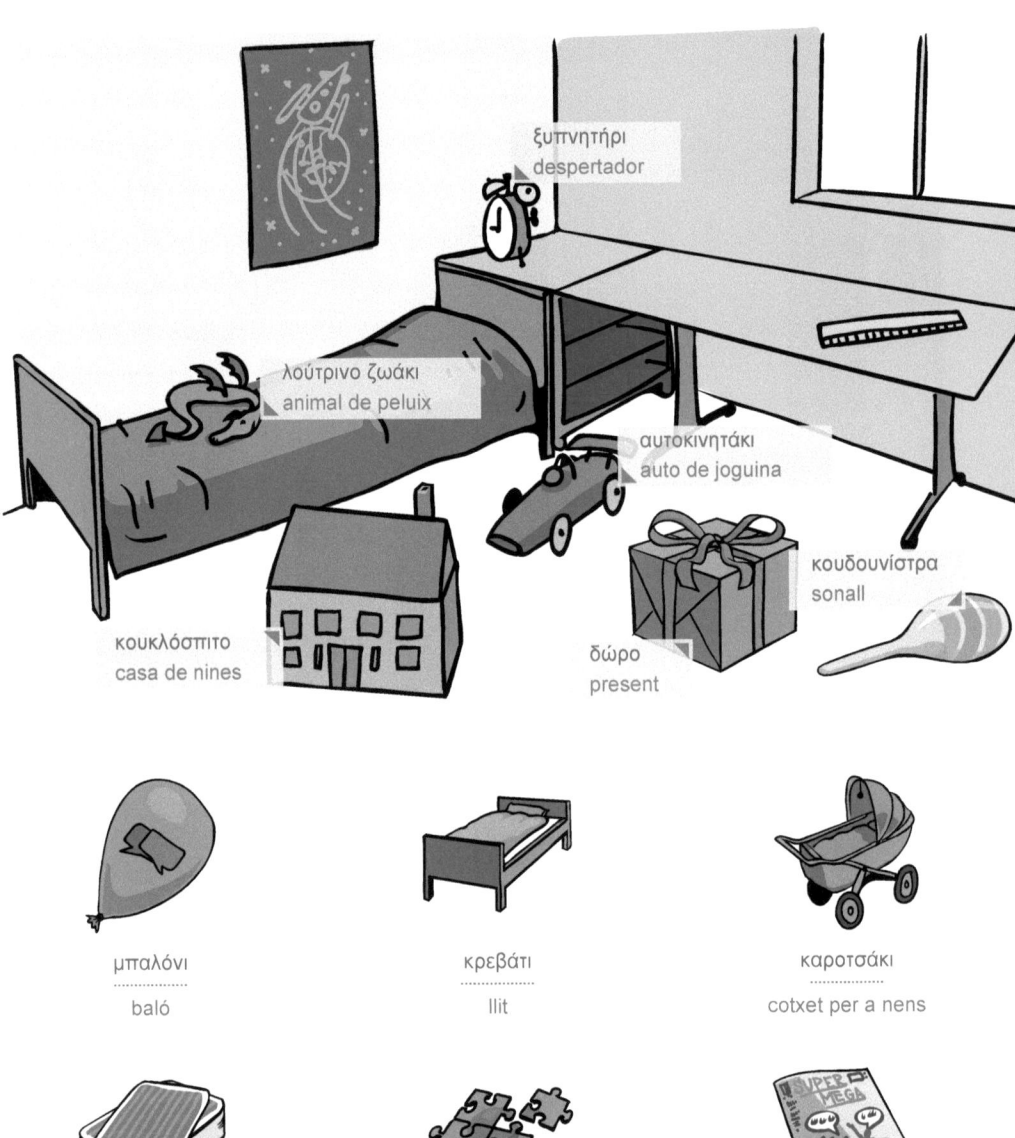

ξυπνητήρι
despertador

λούτρινο ζωάκι
animal de peluix

αυτοκινητάκι
auto de joguina

κουδουνίστρα
sonall

κουκλόσπιτο
casa de nines

δώρο
present

μπαλόνι
baló

κρεβάτι
llit

καροτσάκι
cotxet per a nens

τράπουλα
joc de cartes

παζλ
trencaclosca

κόμικς
historieta

τουβλάκια lego

peces de lego

τουβλάκια κατασκευών

peces de construcció

φιγούρα δράσης

ninot d'acció

βρεφικό φορμάκι

granota

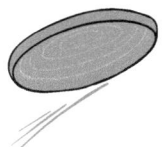

φρίσμπι

frisbee

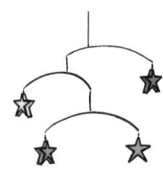

μόμπιλο

mòbil per a bressol

επιτραπέζιο παιχνίδι

joc de taula

ζάρια

daus

σετ τρενάκι

tren elèctric

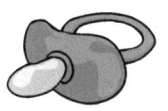

πιπίλα

xumet

πάρτι

festa

εικονογραφημένο βιβλίο

llibre de dibuixos

μπάλα

pilota

κούκλα

nina

παίζω

jugar

σκάμμα με άμμο

sorrera

κούνια

gronxador

παιχνίδια

joguines

κονσόλα βιντεοπαιχνιδιών

consola de jocs de vídeo

τρίκυκλο

tricicle

αρκουδάκι

osset de peluix

ντουλάπα

armari

ρούχα
roba

κάλτσες

mitjons

καλτσοδέτες

mitges

καλσόν

mitja pantaló

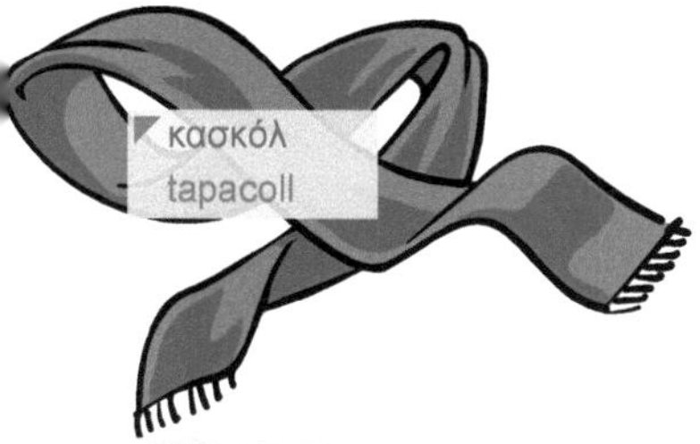

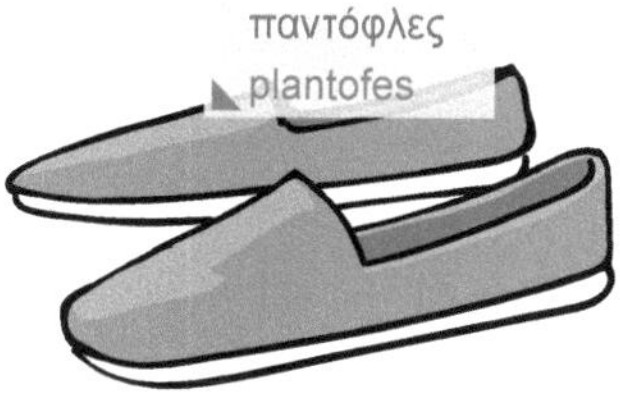

κασκόλ
tapacoll

ομπρέλα
paraigua

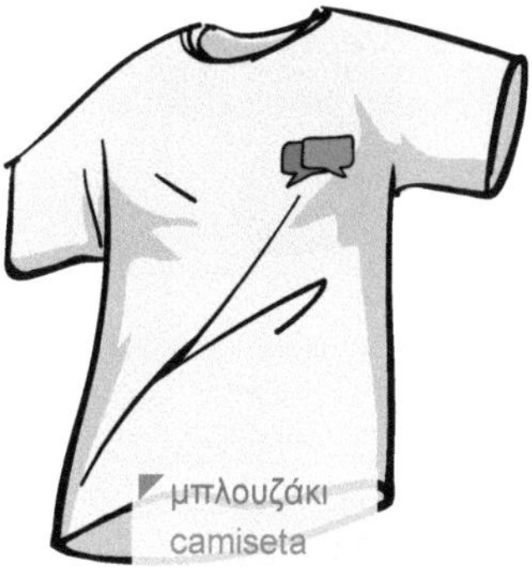

μπλουζάκι
camiseta

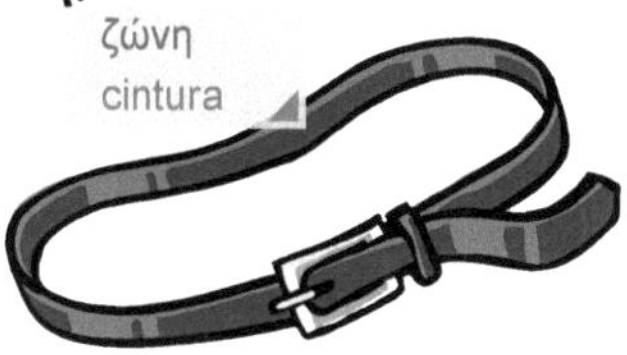

ζώνη
cintura

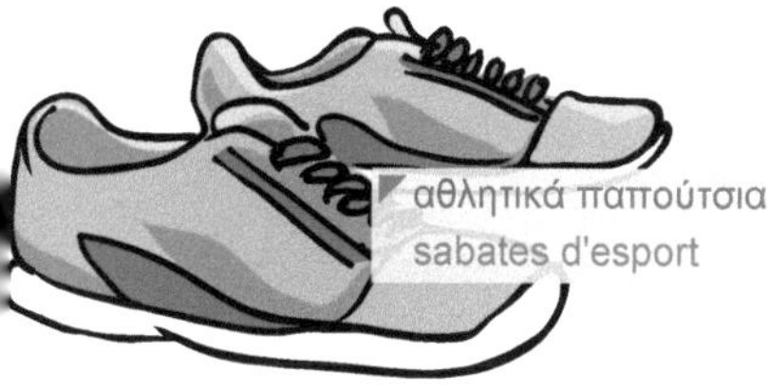

μπότες
botes

παντόφλες
plantofes

αθλητικά παπούτσια
sabates d'esport

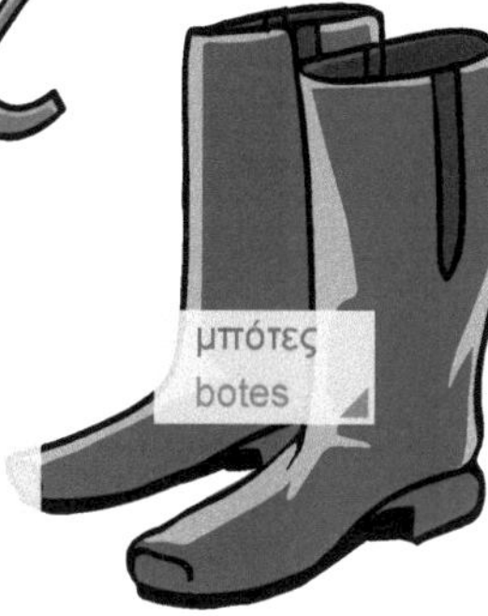

σανδάλια
sandàlies

παπούτσια
sabates

γαλότσες
botes de goma

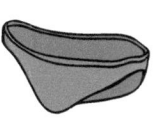

εσώρουχο
calçonets

σουτιέν
sostenidor

φανέλα
guardapits

σώμα

jjustacòs

παντελόνι

pantalons

τζιν παντελόνι

jeans

φούστα

faldeta

μπλούζα

brusa

πουκάμισο

camisa

πουλόβερ

jersei

πουλόβερ

dessuadora

σακάκι

blazer

μπουφάν

jaqueta

παλτό

mantell

αδιάβροχο πανωφόρι

impermeable

κοστούμι

vestit de dona

φόρεμα

vestit de dona

νυφικό

vestit de núvia

κοστούμι

vestit d'home

νυχτικό

camisa de dormir

πιτζάμες

pijama

σάρι

sari

μαντήλι

mocador de cap

τουρμπάνι

turbant

μπούρκα

burca

καφτάνι

caftan

μουσουλμανικό ένδυμα

abaia

ολόσωμο μαγιό

vestit de bany

ανδρικό μαγιό

calçon(et)s de bany

σορτς

pantalons curts

αθλητική φόρμα

xandall

ποδιά

davantal

γάντια

guants

κουμπί

botó

γυαλιά

ulleres

βραχιόλι

braçalet

περιδέραιο

collaret

δαχτυλίδι

anell

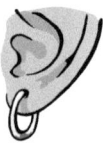

σκουλαρίκι

orellera

καπέλο

casquet

κρεμάστρα

penjador

καπέλο

capell

γραβάτα

corbata

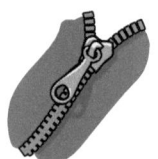

φερμουάρ

cremallera

κράνος

casc

τιράντες

elàstics

μαθητική στολή

uniforme escolar

στολή

uniforme

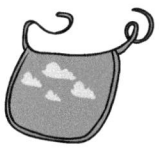

σαλιάρα

pitet

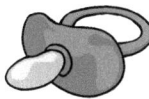

πιπίλα

xumet

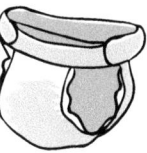

πάνα

bolquer

γραφείο
oficina

σέρβερ
servidor
αρχειοθήκη
armari arxivador
εκτυπωτής
impressora
χαρτί
paper
οθόνη
monitor
γραφείο
escriptori
ποντίκι
ratolí
ντοσιέ
arxivador
πληκτρολόγιο
teclat
καλάθι αχρήστων
paperera
υπολογιστής
ordinador
καρέκλα
cadira

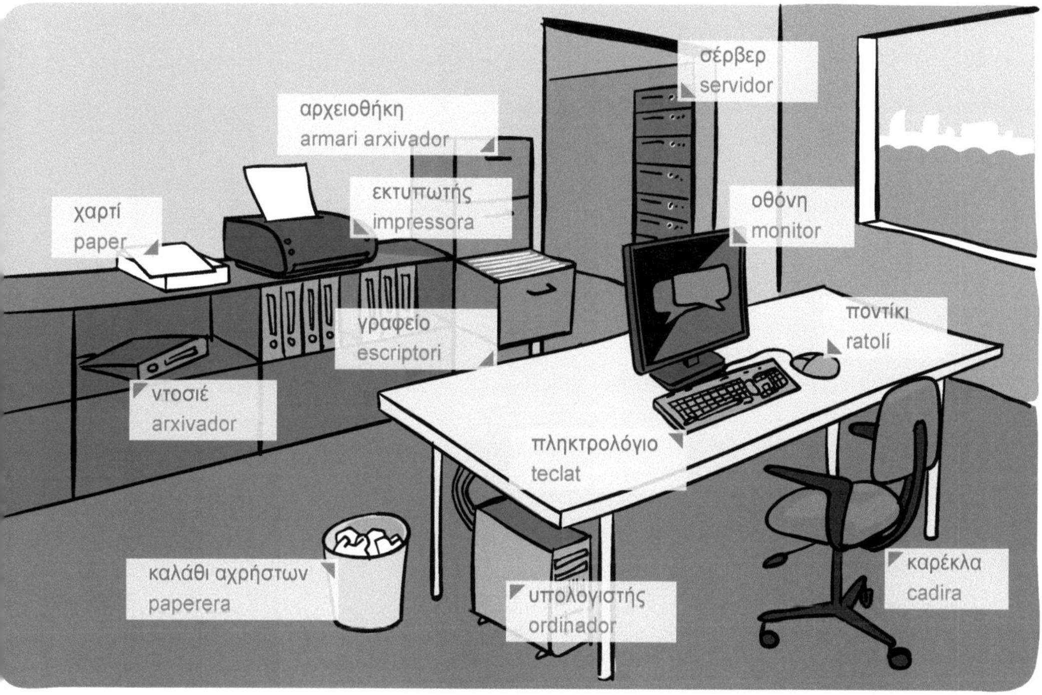

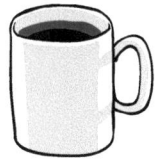

κούπα του καφέ

tassa de cafè

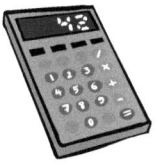

κομπιουτεράκι

calculadora

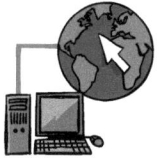

ίντερνετ

Internet

λάπτοπ

ordinador portàtil

γράμμα

lletra

μήνυμα

missatge

κινητό

mòbil

δίκτυο

xarxa

φωτοτυπικό μηχάνημα

fotocopiadora

λογισμικό

programari

τηλέφωνο

telèfon

πρίζα

presa de corrent

συσκευή φαξ

fax

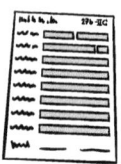

έντυπο

formulari

έγγραφο

document

αγοράζω

comprar

πληρώνω

pagar

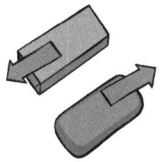

συναλλάσσομαι

comerciar

χρήματα

diners

 USD

δολάριο

dòlar

 EUR

ευρώ

euro

 JPY

γιεν

ien

 RUB

ρούβλι

ruble

 CHF

ελβετικό φράγκο

franc suís

 CNY

ρενμίνμπι γιουάν

renminbi

 INR

ρουπία

rupia

ΑΤΜ (αυτόματη ταμειακή μηχανή)

caixa automàtica

ανταλλακτήρια
συναλλάγματος

oficina de canvi

χρυσός

or

ασήμι

argent

πετρέλαιο

petroli

ενέργεια

energia

τιμή

preu

συμβόλαιο

contracte

φόρος

impost

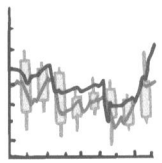

μετοχή

acció

δουλεύω

treballar

υπάλληλος

treballador

εργοδότης

empresari

εργοστάσιο

fàbrica

κατάστημα

botiga

επαγγέλματα
oficis

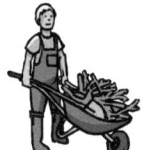

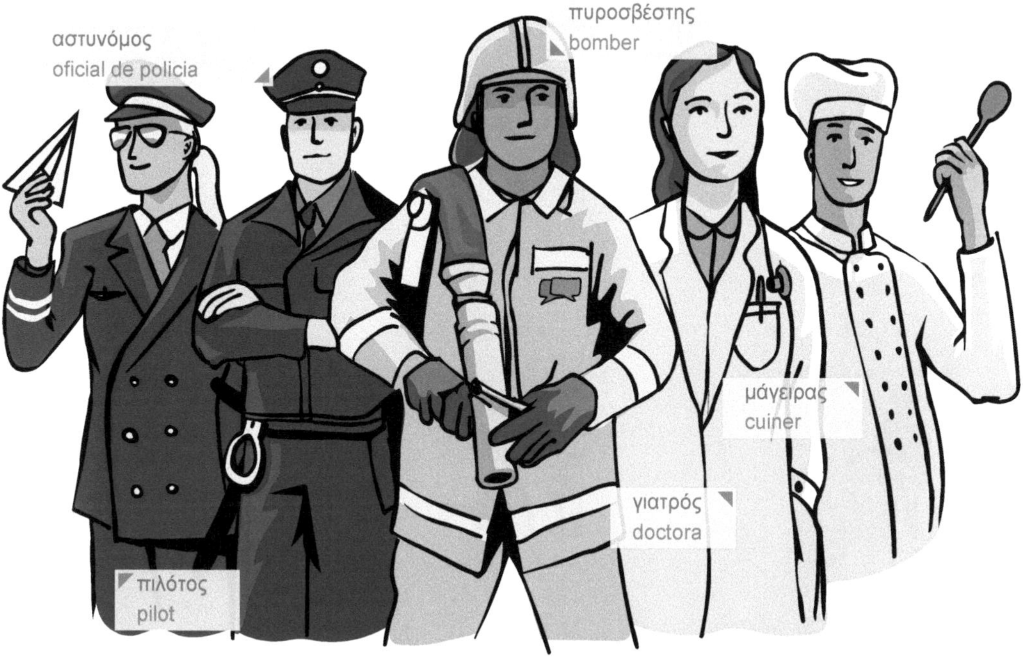
αστυνόμος
oficial de policia
πυροσβέστης
bomber
μάγειρας
cuiner
γιατρός
doctora
πιλότος
pilot

κηπουρός

jardiner

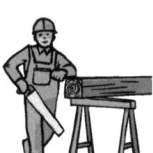

ξυλουργός

fuster

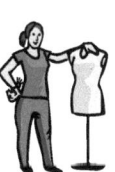

μοδίστρα

costurera

δικαστής

jutge

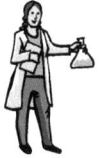

χημικός

química

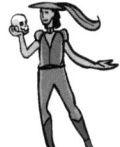

ηθοποιός

actor

οδηγός λεωφορείου

conductor d'autobús

ταξιτζής

taxista

ψαράς

pescador

καθαρίστρια

dona de la neteja

τεχνίτης στεγών

ensostrador

σερβιτόρος

cambrer

κυνηγός

caçador

ζωγράφος

pintor

αρτοποιός

forner

ηλεκτρολόγος

electricista

οικοδόμος

obrer de la construcció

μηχανολόγος

enginyer

κρεοπώλης

carnisser

υδραυλικός

llanterner

ταχυδρόμος

correu

στρατιώτης

soldat

αρχιτέκτονας

arquitecte

ταμίας

caixera

ανθοπώλης

florista

κομμωτής

perruquer

ελεγκτής εισιτηρίων

revisor

μηχανικός

mecànic

καπετάνιος

capità

οδοντίατρος

dentista

επιστήμονας

científic

ραβίνος

rabí

ιμάμης

imam

μοναχός

monjo

ιερέας

capellà

εργαλεία
eines

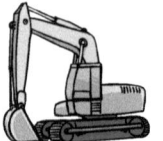

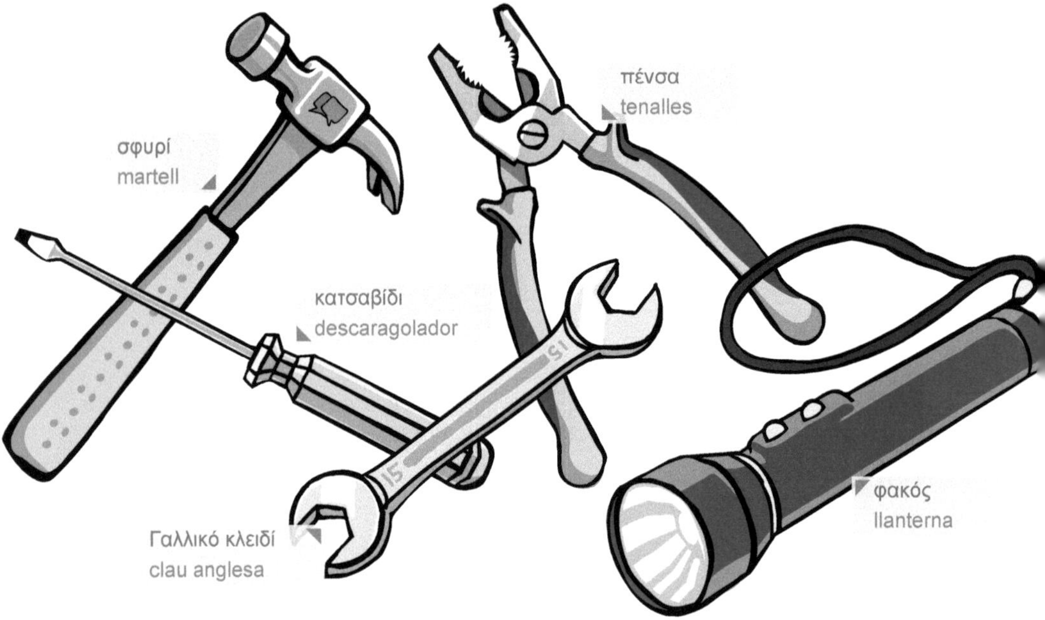
πένσα
tenalles
σφυρί
martell
κατσαβίδι
descaragolador
φακός
llanterna
Γαλλικό κλειδί
clau anglesa

εκσκαφέας

excavadora

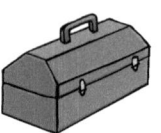

εργαλειοθήκη

caixa d'eines

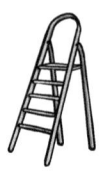

σκάλα

escala

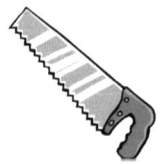

πριόνι

serra

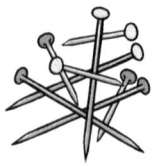

καρφιά

claus

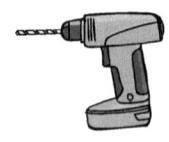

τρυπάνι

trepant

επισκευάζω

reparar

φτυάρι

pala

Να πάρει!

Maleït siga!

φαράσι

pala

δοχείο χρωμάτων

pot de pintura

βίδες

caragols

μουσικά όργανα
instrument de música

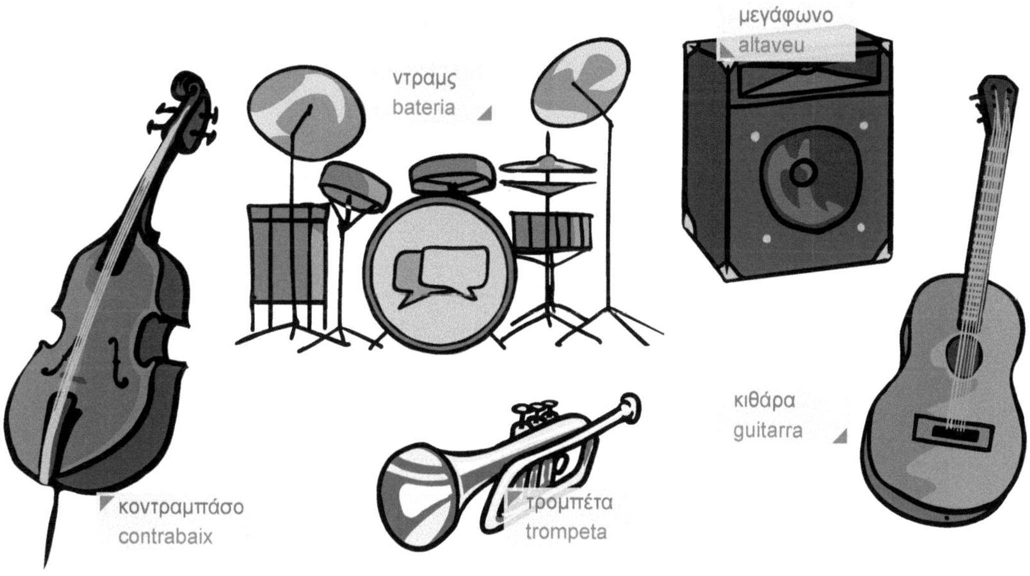

μεγάφωνο
altaveu

ντραμς
bateria

κιθάρα
guitarra

κοντραμπάσο
contrabaix

τρομπέτα
trompeta

πιάνο

piano

βιολί

violí

μπάσο

baix

τύμπανα

timbal

τύμπανο

tambor

πλήκτρα

teclat

σαξόφωνο

saxofon

φλάουτο

flauta

μικρόφωνο

micròfon

ζωολογικός κήπος

zoo

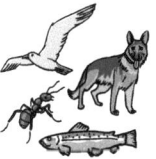

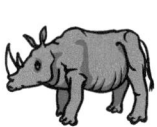

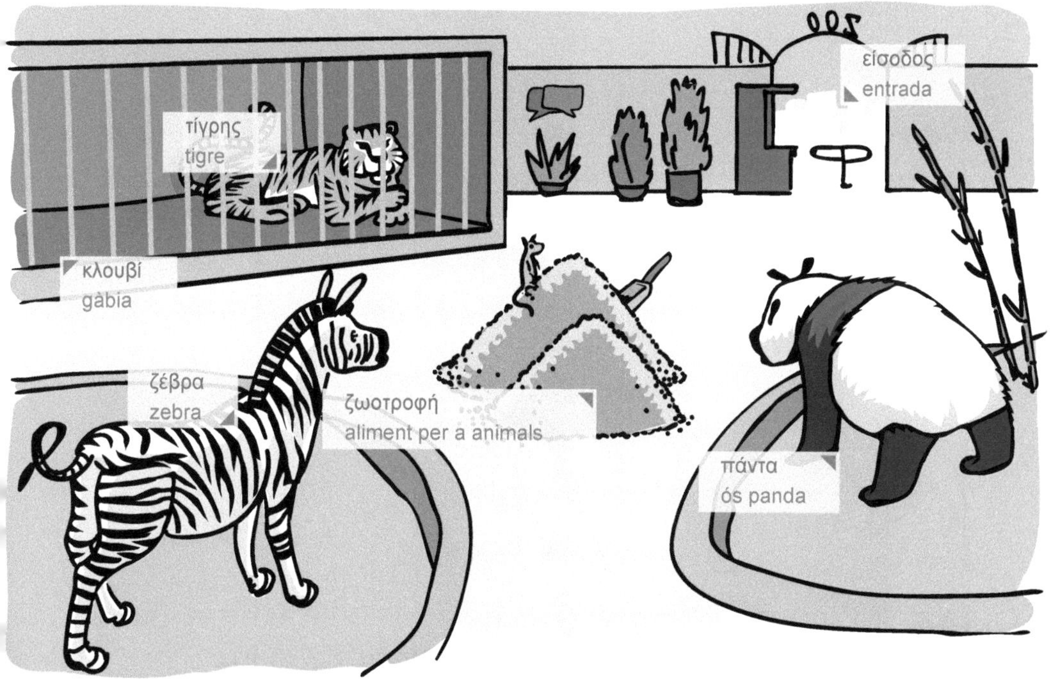
ZOO
είσοδος
entrada
τίγρης
tigre
κλουβί
gàbia
ζέβρα
zebra
ζωοτροφή
aliment per a animals
πάντα
ós panda

ζώα

animals

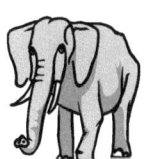

ελέφαντας

elefant

καγκουρό

cangurú

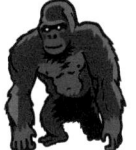

ρινόκερος

rinoceront

γορίλας

goril·la

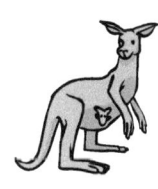

αρκούδα

ós

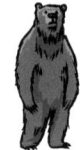

κάμηλα

camell

στρουθοκάμηλος

estruç

λιοντάρι

lleó

πίθηκος

simi

φλαμίνγκο

flamenc

παπαγάλος

papagai

πολική αρκούδα

ós polar

πιγκουίνος

pingüí

καρχαρίας

ca mari

παγώνι

paó

φίδι

serp

κροκόδειλος

cocodril

φύλακας ζωολογικού κήπου

guardià del zoo

φώκια

foca

τζάγκουαρ

jaguar

πόνυ

poni

λεοπάρδαλη

lleopard

ιπποπόταμος

hipopòtam

καμηλοπάρδαλη

girafa

αετός

àliga

αγριογούρουνο

senglar

ψάρι

peix

χελώνα

tortuga

θαλάσσιος ίππος

morsa

αλεπού

guineu

γαζέλα

gasela

Αμερικάνικο ποδόσφαιρο
futbol americà

ποδηλασία
ciclisme

αντισφαίριση
tenis

μπάσκετ
bàsquet

κολύμβηση
natació

πυγχαμία
boxa

χόκεϋ επί πάγου
hoquei sobre gel

ποδόσφαιρο
futbol americà

μπάντμιντον
bàdminton

στίβος
atletisme

χάντμπολ
handbol

σκι
esquí

πόλο
polo

δραστηριότητες
activitats

γελάω
riure
πηδάω
saltar
αγκαλιάζω
abraçar
περπατάω
anar
τραγουδάω
cantar
ονειρεύομαι
somiar
προσεύχομαι
pregar
φιλάω
fer un petó

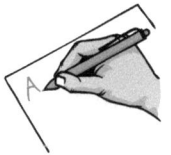

γράφω
escriure

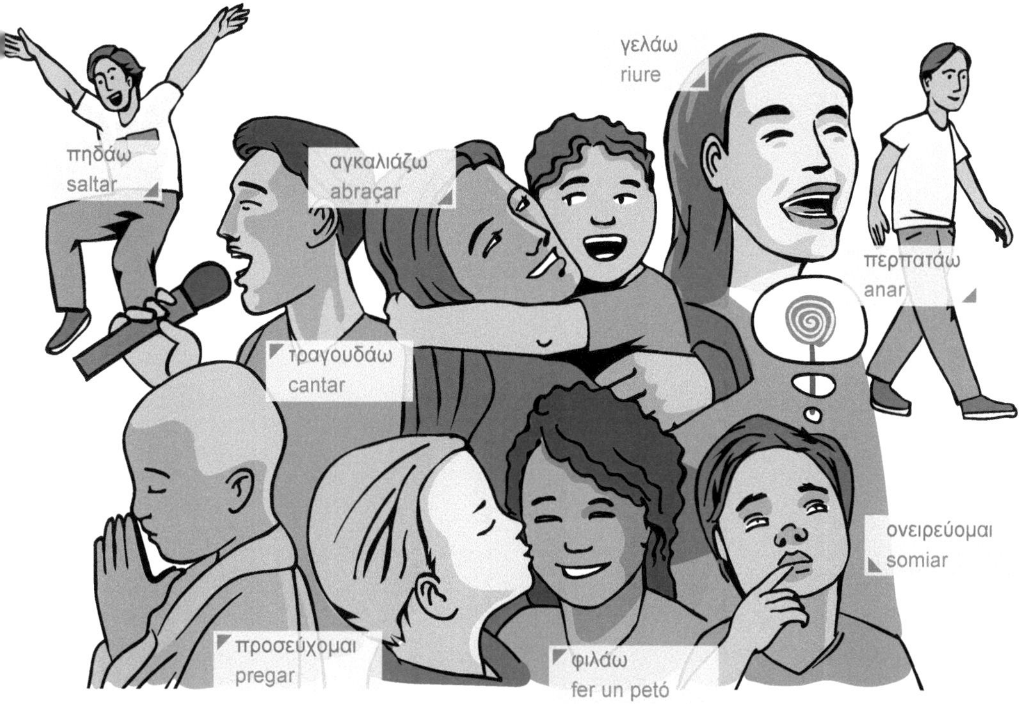

σχεδιάζω
dibuixar

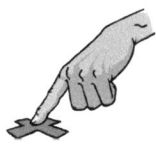

δείχνω
mostrar

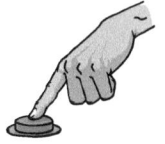

πιέζω
pitjar

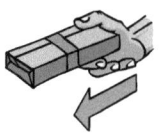

δίνω
donar

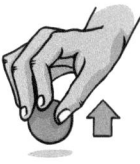

παίρνω
prendre

έχω

tenir

κάνω

fer

είμαι

ésser

στέκομαι

estar dret

τρέχω

córrer

τραβάω

estirar

ρίχνω

llançar

πέφτω

caure

ξαπλώνω

jeure

περιμένω

esperar

κουβαλώ

portar

κάθομαι

asseure's

φοράω

vestir-se

κοιμάμαι

dormir

ξυπνάω

despertar-se

κοιτάω

mirar

κλαίω

plorar

χαϊδεύω

amoixar

χτενίζω

pentinar

μιλάω

parlar

καταλαβαίνω

comprendre

ρωτάω

demanar

ακούω

escoltar

πίνω

beure

τρώω

menjar

συγυρίζω

endreçar

αγαπάω

estimar

μαγειρεύω

cuinar

οδηγώ

conduir

πετάω

volar

κάνω ιστιοπλοΐα

navegar

υπολογίζω

calcular

διαβάζω

llegir

μαθαίνω

aprendre

δουλεύω

treballar

παντρεύομαι

casar-se

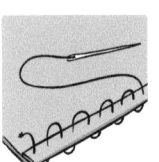

ράβω

cosir

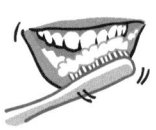

βουρτσίζω τα δόντια

raspallar-se les dents

σκοτώνω

matar

καπνίζω

fumar

στέλνω

enviar

γιαγιά
àvia

παππούς
avi

πατέρας
pare

μητέρα
mare

μωρό
nadó

κόρη
filla

γιος
fill

καλεσμένος
convidat

θεία
tia

θείος
oncle

αδελφός
germà

αδελφή
germana

σώμα

cos

μέτωπο
front
μάτι
ull
ώμος
espatlla
δάχτυλο
dit
πρόσωπο
cara
πιγούνι
barbeta
χέρι
mà
πόδι
cama
στήθος
pit
βραχίονας
braç

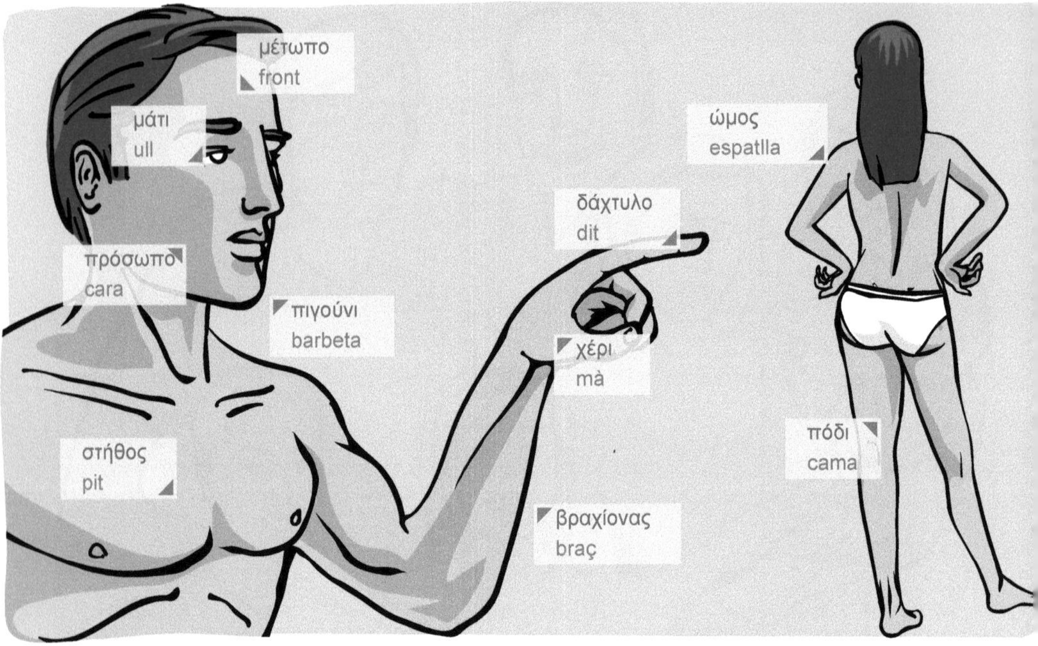

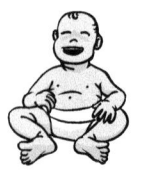

μωρό

nadó

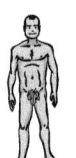

άνδρας

home

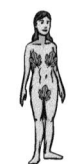

γυναίκα

dona

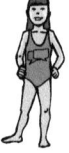

κορίτσι

noia

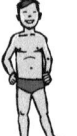

αγόρι

noi

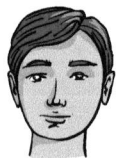

κεφάλι

cap

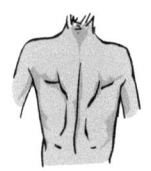

πλάτη

esquena

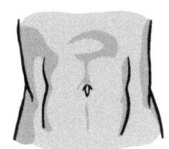

κοιλιά

panxa

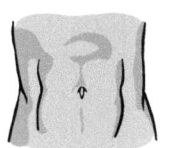

αφαλός

melic

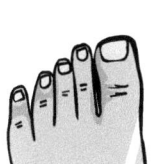

δάχτυλο ποδιού

dit gros del peu

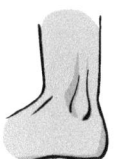

φτέρνα

taló

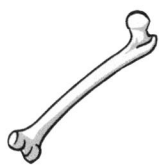

κόκκαλο

os

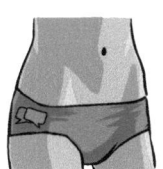

γοφός

maluc

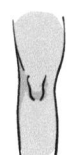

γόνατο

genoll

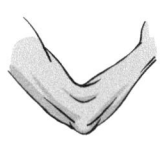

αγκώνας

colze

μύτη

nas

γλουτός

cul

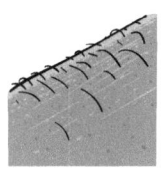

δέρμα

pell

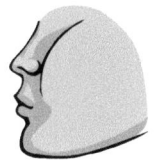

μάγουλο

galta

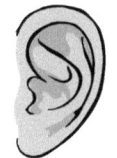

αυτί

orella

χείλος

llavi

στόμα

boca

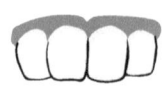

δόντι

dent

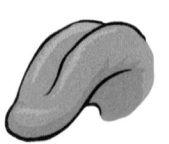

γλώσσα

llengua

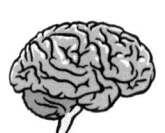

εγκέφαλος

cervell

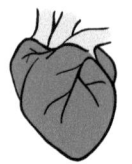

καρδιά

cor

μυς

múscul

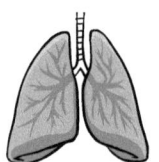

πνεύμονας

pulmó

συκώτι

fetge

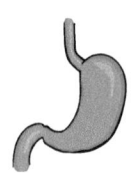

στομάχι

estómac

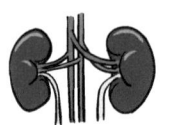

νεφρά

ronyó

σεξουαλική επαφή

relació sexual

προφυλακτικό

preservatiu

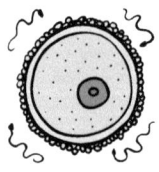

ωάριο

ovari

σπέρμα

semen

εγκυμοσύνη

prenyat

σώμα - cos

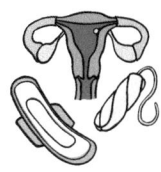

περίοδος

menstruació

γυναικείος κόλπος

vagina

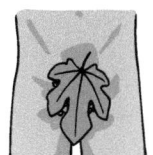

πέος

penis

φρύδι

cella

μαλλιά

cabells

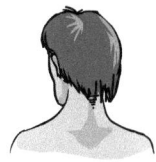

λαιμός

coll

νοσοκομείο
hospital

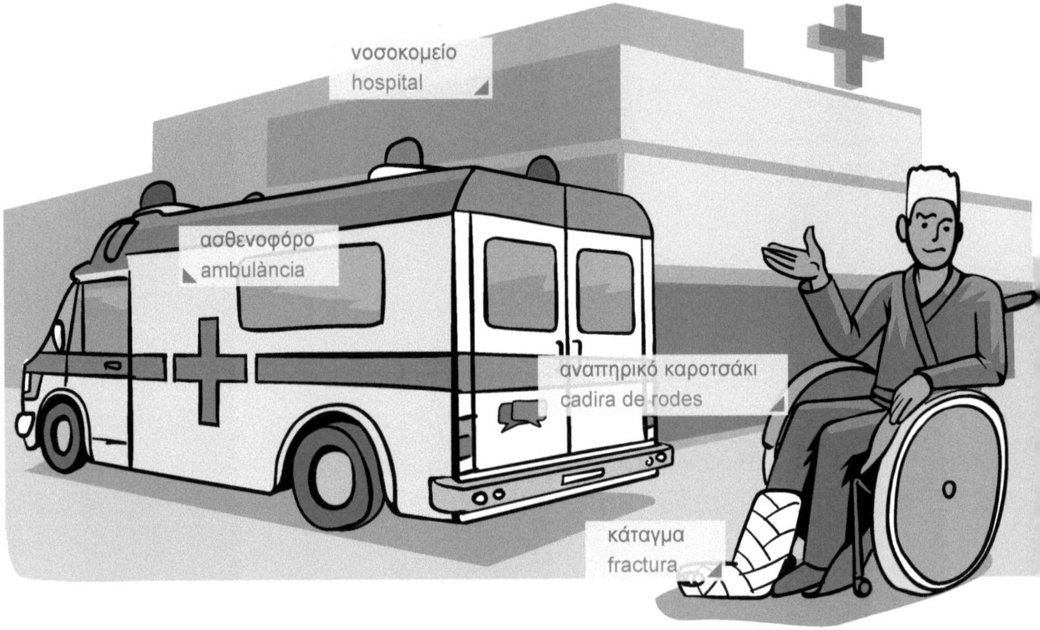

νοσοκομείο
hospital
ασθενοφόρο
ambulància
αναπηρικό καροτσάκι
cadira de rodes
κάταγμα
fractura

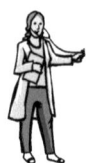

γιατρός
doctora

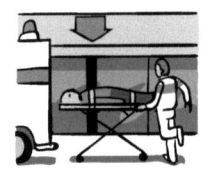

μονάδα εντατικής θεραπείας
sala d'urgències

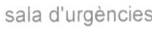

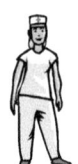

νοσοκόμα
infermera

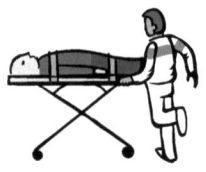

έκτακτη ανάγκη
urgència

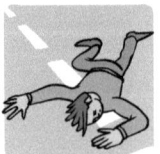

λιπόθυμος
inconscient

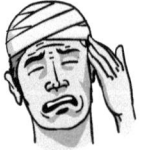

πόνος
dolor

τραύμα

ferida

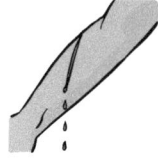

αιμορραγία

sagnament

έμφραγμα

atac de cor

εγκεφαλικό

apoplexia

αλλεργία

al·lèrgia

βήχας

tos

πυρετός

febre

γρίπη

gripa

διάρροια

diarrea

πονοκέφαλος

mal de cap

καρκίνος

càncer

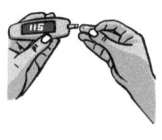

διαβήτης

diabetis

χειρουργός

cirurgià

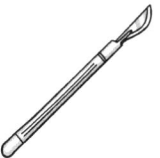

νυστέρι

escalpel

εγχείρηση

operació

αξονική τομογραφία

tomografia computada (TC), TAC

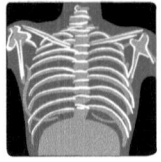

ακτινογραφία

raigs x

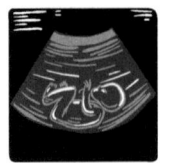

υπέρηχος

ultrasò

μάσκα

mascareta

ασθένεια

malaltia

αίθουσα αναμονής

sala d'espera

πατερίτσα

crossa

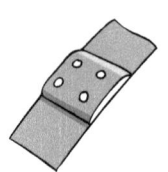

χάνσαπλαστ

tireta

επίδεσμος

embenat

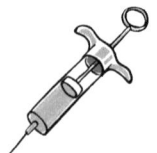

ένεση

injecció

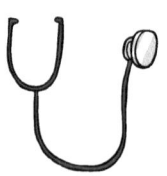

στηθοσκόπιο

estetoscopi

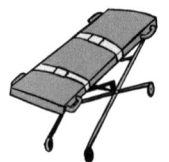

φορείο

llitera

θερμόμετρο

termòmetre clínic

γέννηση

pariment

υπέρβαρο

sobrepès

ακουστικό βαρηκοΐας

aparell auditiu

αντισηπτικό

desinfectant

λοίμωξη

infecció

ιός

virus

HIV/AIDS

VIH / SIDA

φάρμακο

medicina

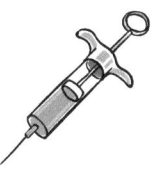

εμβολιασμός

vaccí

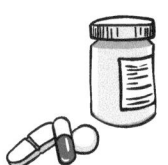

δισκία

comprimits

χάπι

píl·lola

κλήση έκτακτης ανάγκης

trucada d'urgència

πιεσόμετρο αίματος

tensiòmetre

άρρωστος / υγιής

malalt / sà

Βοήθεια!

Socors!

συναγερμός

alarma

βιαιοπραγία

assalt

επίθεση

atac

κίνδυνος

perill

έξοδος κινδύνου

sortida-eixida d'urgència

Φωτιά!

Foc!

πυροσβεστήρας

extintor

ατύχημα

accident

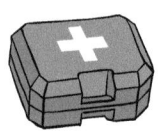

κουτί πρώτων βοηθειών

farmaciola de primers auxilis

SOS

SOS

αστυνομία

policia

Ευρώπη

Europa

Βόρεια Αμερική

Amèrica del Nord

Νότια Αμερική

Amèrica del Sud

Αφρική

Àfrica

Ασία

Àsia

Αυστραλία

Austràlia

Ατλαντικός Ωκεανός

Atlàntic

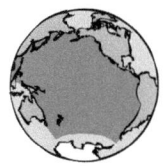

Ειρηνικός Ωκεανός

Pacífic

Ινδικός Ωκεανός

Oceà Índic

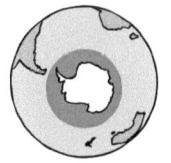

Ανταρκτικός Ωκεανός

Oceà Antàrtic

Αρκτικός Ωκεανός

Oceà Àrtic

Βόρειος Πόλος

pol nord

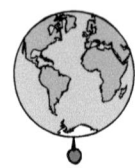

Νότιος Πόλος

pol sud

Ανταρκτική

Antàrtida

Γη

terra

γη

país

θάλασσα

mar

νησί

illa

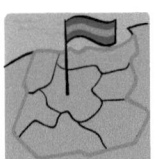

έθνος

nació

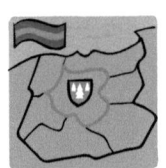

πολιτεία

estat

καντράν ρολογιού

quadrant

ωροδείκτης

agulla de les hores

λεπτοδείκτης

agulla dels minuts

δείκτης δευτερολέπτων

agulla dels segons

Τι ώρα είναι;

Quina hora és?

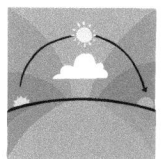

ημέρα

dia

χρόνος

temps

τώρα

ara

ψηφιακό ρολόι

rellotge digital

λεπτό

minut

ώρα

hora

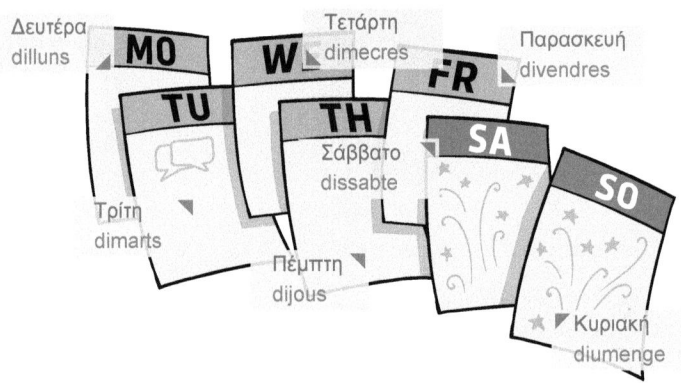

Δευτέρα
dilluns

Τετάρτη
dimecres

Παρασκευή
divendres

Τρίτη
dimarts

Σάββατο
dissabte

Πέμπτη
dijous

Κυριακή
diumenge

χθες
ahir

σήμερα
avui

αύριο
demà

πρωί
matí

μεσημέρι
migdia

βράδυ
tarda

εργάσιμες ημέρες
dia feiner

Σαββατοκύριακο
cap de setmana

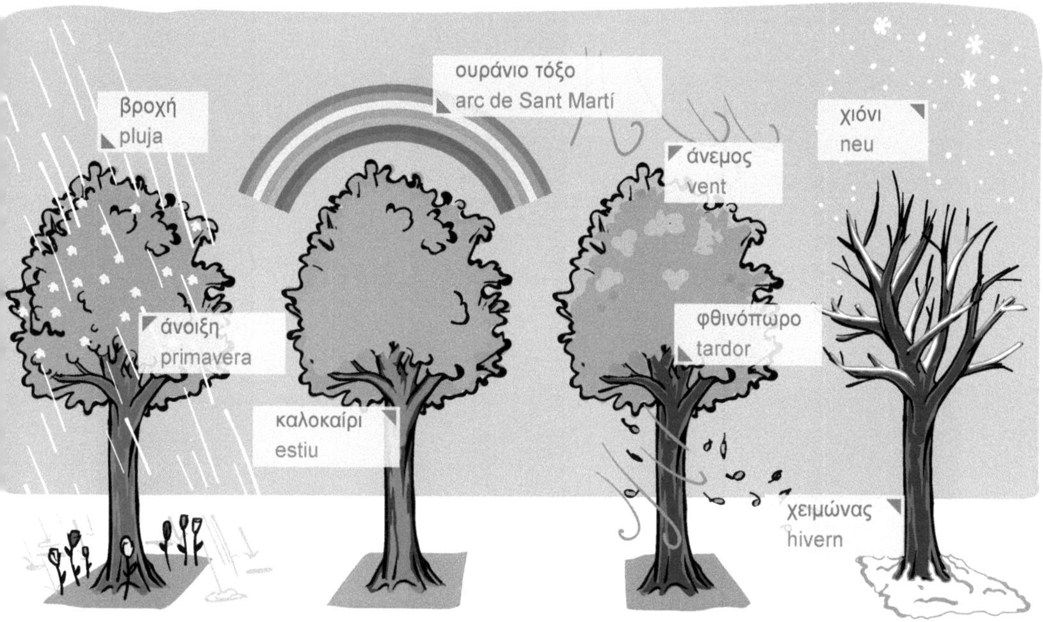

βροχή
pluja
ουράνιο τόξο
arc de Sant Martí
χιόνι
neu
άνεμος
vent
άνοιξη
primavera
φθινόπωρο
tardor
καλοκαίρι
estiu
χειμώνας
hivern

4.APRIL 11°
5.APRIL 4°
6.APRIL 13°
7.APRIL 8°
8.APRIL 10°

πρόγνωση καιρού

pronòstic del temps

F C
120 40
90 30
60 20
30 10
0 0
-30 -10
-20

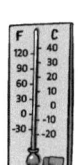

θερμόμετρο

termòmetre

λιακάδα

llum del sol

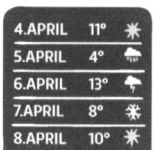

σύννεφο

núvol

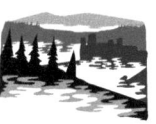

ομίχλη

boira

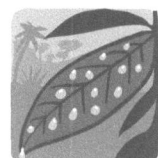

υγρασία

humiditat de l'aire

αστραπή

llamp

κεραυνός

tro

καταιγίδα

tempesta

χαλάζι

calamarsa

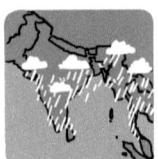

μουσώνας

monsó

πλημμύρα

inundació

πάγος

gel

Ιανουάριος

gener

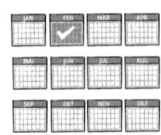

Φεβρουάριος

febrer

Μάρτιος

març

Απρίλιος

abril

Μάιος

maig

Ιούνιος

juny

Ιούλιος

juliol

Αύγουστος

agost

έτος - any

Σεπτέμβριος

setembre

Οκτώβριος

octubre

Νοέμβριος

novembre

Δεκέμβριος

desembre

σχήματα
formes

κύκλος

cercle

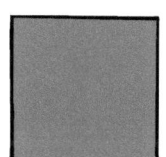

τετράγωνο

quadrat

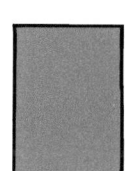

ορθογώνιο
παραλληλόγραμμο
rectangle

τρίγωνο

triangle

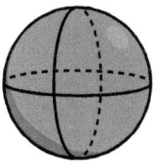

σφαίρα

esfera

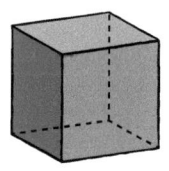

κύβος

cub

άσπρο

blanc

κίτρινο

groc

πορτοκαλί

taronja

ροζ

rosa

κόκκινο

vermell

μωβ

lila

μπλε

blau

πράσινο

verd

καφέ

marró

γκρι

gris

μαύρο

negre

πολύ / λίγο

molt / poc

θυμωμένος / ήρεμος

emprenyat / tranquil

όμορφος / άσχημος

bonic / lleig

αρχή / τέλος

començament / fi

μεγάλος / μικρός

gran / petit

φωτεινός / σκοτεινός

clar / fosc

αδελφός / αδελφή

germà / germana

καθαρός / λερωμένος

net / brut

πλήρης / ατελής

complet / incomplet

ημέρα / νύχτα

dia / nit

νεκρός / ζωντανός

mort / viu

φαρδύς / στενός

ample / estret

βρώσιμος / μη βρώσιμος

comestible / immenjable

κακός / ευγενικός

dolent / amable

ενθουσιασμένος / βαριεστημένος

entusiasmat / entediat

παχύς / λεπτός

gros / prim

πρώτος / τελευταίος

primer / darrer

φίλος / εχθρός

amic / enemic

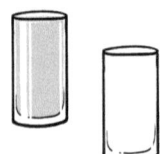

γεμάτος / άδειος

ple / buit

σκληρός / μαλακός

dur / tou

βαρύς / ελαφρύς

pesant / lleuger

πείνα / δίψα

gana / set

άρρωστος / υγιής

malalt / sà

παράνομος / νόμιμος

il·legal / legal

έξυπνος / χαζός

intel·ligent / ximple

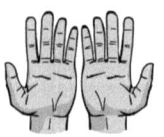

αριστερός / δεξιός

esquerra / dreta

κοντινός / μακρινός

prop / llunyà

καινούριος /
μεταχειρισμένος
nou / usat

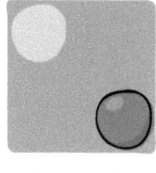

τίποτα / κάτι
res / quelcom

γέρος | νέος
vell / jove

αναμμένος / σβηστός
encès / apagat

ανοιχτός / κλειστός
obert / tancat

χαμηλόφωνος /
μεγαλόφωνος
silenciós / sorollós

πλούσιος / φτωχός
ric / pobre

σωστός / λανθασμένος
correcte / incorrecte

τραχύς / λείος
aspre / suau

λυπημένος / χαρούμενος
trist / content

κοντός / μακρύς
curt / llarg

αργός / γρήγορος
lent / ràpid

υγρός / στεγνός
humit / sec - eixut

ζεστός / δροσερός
calent / fred

πόλεμος / ειρήνη
guerra / pau

αριθμοί

nombres

0	**1**	**2**
μηδέν	ένα	δύο
zero	u	dos

3	**4**	**5**
τρία	τέσσερα	πέντε
tres	quatre	cinc

6	**7**	**8**
έξι	εφτά	οκτώ
sis	set	vuit

9	**10**	**11**
εννιά	δέκα	έντεκα
nou	deu	onze

12
δώδεκα
dotze

13
δεκατρία
tretze

14
δεκατέσσερα
catorze

15
δεκαπέντε
quinze

16
δεκαέξι
setze

17
δεκαεφτά
disset

18
δεκαοκτώ
divuit

19
δεκαεννέα
dinou

20
είκοσι
vint

100
εκατό
cent

1.000
χίλια
mil

1.000.000
εκατομμύριο
milió

Αγγλικά

anglès

Αμερικάνικα Αγγλικά

anglès americà

Μανδαρίνικα Κινέζικα

xinès mandarí

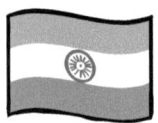

Χίντι

hindi

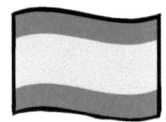

Ισπανικά

espanyol

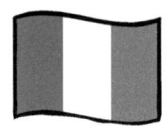

Γαλλικά

francès

Αραβικά

àrab

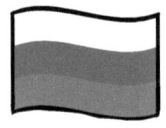

Ρώσικα

rus

Πορτογαλικά

portuguès

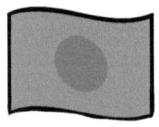

Μπενγκάλι

bengalí

Γερμανικά

alemany

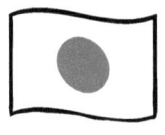

Ιαπωνικά

japonès

εγώ

jo

εσύ

tu

αυτός / αυτή / αυτό

ell / ella / allò

εμείς

nosaltres

εσείς

vosaltres

αυτοί / αυτές / αυτά

ells

ποιος / ποια / ποιο;

qui?

τι;

què?

πώς;

com?

πού;

on?

πότε;

quan?

όνομα

nom

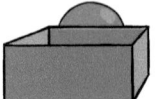

πίσω

darrere

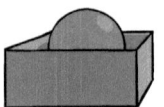

μέσα

en

μπροστά

davant de

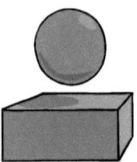

πάνω από

damunt

πάνω

sobre

κάτω

sota

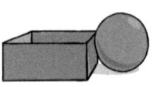

δίπλα

al costat

ανάμεσα

entre

μέρος

lloc